Marion Frickel

Glaubst du noch..?

..oder weißt du schon..?

Impressum

Umschlag, Illustration: by MyselF

Lektorat, Korrektorat: by MyselF

Verlag: tredition GmbH, Hamburg

ISBN
Paperback 978-3-8495-9932-4
Hardcover 978-3-8495-9933-1
e-Book 978-3-8495-9934-8
Printed in Germany

Bei Rechtschreib- oder Grammatikfehlern wenden Sie sich bitte an o.g. Lektorat/Korrektorat. Der oder die Verantwortliche wird selbstverständlich umgehend entlassen!

tredition®

HILFE...!!!

...wie zum Teufel schreibt man eine Einleitung zu einem Buch, das eigentlich gar keins ist.? ☺

Wenn du eine große Portion Humor, Sarkasmus und Selbstironie schätzt aber auch allem als ‚normal' geltenden, dem System, dem Glauben oder dem Leben (oder gar manchmal dir selbst?) kritisch gegenüberstehst, dann bist du genau der Mensch, den ich suche!

Ja, DU, und Menschen wie du, die zwischen den Zeilen lesen und durchaus bereit sind nicht alles einfach hinzunehmen, sondern lieber gezielt zu hinterfragen, auch wenn dies vielleicht manchmal etwas ‚unbequem' ist.

Menschen aus dem Herzen und der tiefsten Seele zu sprechen, sie zum Lachen oder Weinen zu bringen und sie zum Nachdenken und/oder Umdenken anzuregen ist meine treibende Kraft.

Besonders diejenigen, die diese Gedanken selbst nie laut aussprechen würden. Denn genau diesen Menschen möchte ich Mut machen.

Mut, auch einmal anders zu sein und zu Denken. Mut, erst einmal alles in Frage zu stellen - ohne zu Werten. Ihnen das Gefühl geben, dass es nicht verwerflich ist eine eigene Meinung zu besitzen, solange man die Toleranz und Akzeptanz aufbringen kann, dass andere vielleicht diese Sicht der Dinge nicht teilen.

Ihnen zeigen, dass ‚rebellisch sein' nicht negativ sein muss, sondern durchaus Intelligenz und Persönlichkeit erfordern kann. Das es sich lohnt auch einmal auf der anderen Seite des Flusses zu stehen.

Hier soll keine politische, religiöse oder sonstige Meinung vertreten, sondern lediglich Denkanstöße gegeben und in Frage gestellt werden, ob unsere festgefahrenen oder anerzogenen Sicht- und Denkweisen immer zwangsläufig auch richtig sein müssen. Und ob unsere ‚Wegguckgesellschaft' mit Ignoranz letztendlich wirklich auf der sicheren Seite ist...?

Jeder Mensch ist einzigartig auf seine Art – und jeder Mensch hat ein Recht auf seine Persönlichkeit, zumindest, solange er anderen damit nicht schadet.

Inhaltsverzeichnis

Nachbarn

Nachbarn sind und das ist klasse,
auf ihre Art ne eigene Rasse,
die ihre Blumenbeete pflegen
und Wert auf Ideale legen.

Da wird erwartet auch von Andern,
dass sie durch die Botanik wandern
und wer nicht mitzumachen scheint,
ist irgendwie sogleich ein Feind.

Doch wird das offen nicht verkündet,
vielleicht man lieber sich verbündet,
denn schließlich könnt' des Feindes Schuppen,
sich noch als Großverleih entpuppen.

Am Samstagmorgen - Punkt acht Uhr,
oh ja, da ist der Nachbar stur,
man selbst das Frühstück noch verschmäht,
der Nachbar schon den Rasen mäht.

Ja, manchmal sind sie echt ne Plage,
im Geist sieht man die Wasserwaage
mit der sie übern Rasen kriechen
dabei an jedem Blümchen riechen.

Mit der Nase überm Boden,
den Hintern steil gestreckt nach oben.
So robben sie durch ihre Beete,

man selber schickt nur Stoßgebete,
dass sie sich nicht dabei verletzen
und muss sich lachend erst mal setzen.

Da wird das Vollprogramm gestartet,
denn schließlich wird ja hier erwartet,
dass man sich auch dazu gesellt
und das Landschaftsbild erhält.

Da wird gegraben und gebuddelt,
an jedem Eckchen rum gehuddelt
und ist das Unkraut erst gewichen,
dann wird der Gartenzaun gestrichen.

Noch schnell den Straßenrand gefegt,
zu Mittag kurz mal hingelegt,
bei dem was man geleistet hat
ist man jetzt schon völlig platt.

Doch nach der mittäglichen Pause
gibt`s eine Vitaminchenbrause,
damit man dann mit neuer Kraft
sein Pensum bis zum Abend schafft.

Gehetzt durch das Gemüse trottet,
das Ungeziefer ausgerottet,
mit Eifer und mit Euphorie,
an manchen Stellen auch Chemie.

Da wird gerupft, gesägt, gehämmert,
solange bis es draußen dämmert.
Denn schließlich will man trotz Beschwerden
irgendwann mal fertig werden.

Am Ende man ganz selbstbewusst
und mit vor Stolz geschwellter Brust,

im Garten noch den Grill auspackt
bevor man dann zusammensackt.

Und was sagt uns die Geschicht'
betrachtet im realen Licht?

..wer's übertreibt, kann seinen Garten
ganz schnell von Unten sich betrachten..

Geliebtes Ego ?

Wissen wir was Liebe ist,
oder sind wir Egoist?
Haben wir sie denn verstanden,
oder kam sie uns abhanden?

Für manche Menschen ist sie nur
eine seelische Tortur,
weil sie furchtbar übertreiben
und dann selbst darunter leiden..

Um dem Anderen zu gefallen
rennen sie in Fitness-Hallen.
Lassen sich die Haare schneiden,
von Kopf bis Fuß sogar neu kleiden..

Verbiegen die Persönlichkeit
bis es schon zum Himmel schreit.
Trauen sich auch nichts mehr zu sagen
oder lassen sich noch schlagen...

Dann gibt es noch solche Arten,
die von Anderen nur erwarten.
Selbst jedoch nichts geben wollen,
nur Anderen sagen, was sie ‚sollen'...

Oder die, die eifersüchtig
und im Kontrollieren tüchtig.
Spionieren hinterher
dem anderen bleibt kein Freiraum mehr.

Wieder Andere nur streiten
und auf den Nerven sich rum reiten,

bis von Tisch und Bett getrennt
einer auf dem Sofa pennt..

Da wird genörgelt, kritisiert,
fremdgegangen, intrigiert,
gelogen, das sich die Balken biegen
und trotzdem sagen sie, sie lieben...??

Wenn so was soll die Liebe sein,
dann bleibt man besser doch allein.
Doch zum Glück gibt es im Leben
noch welche, die nach Besserem streben..

Solche, die sich gut vertragen
und nette Worte zu sich sagen:
Wo auch nach Jahren man noch sieht,
dass es sie zueinander zieht...

Die sich Freude noch bereiten
mit schnuckeligen Kleinigkeiten.
Dem Anderen ihre Liebe schenken
ohne nur an sich zu denken...

Mit einem Lächeln schon aufsteh'n,
Arm in Arm spazieren geh'n,
strahlen sie vor Harmonie,
da stimmt einfach die Chemie...

Ein jeder seines Glückes Schmied
sagt man, wenn man so was sieht..
Erst an die eigene Nase fassen
und den Anderen einfach lassen,

wie er nun mal eben ist,
dann ist man auch kein Egoist...

Denn nichts gibt uns das Recht zu denken,
wir dürften andere Menschen lenken.
Wenn wir nicht zueinander passen,
dann sollten wir es lieber lassen...

Der Zahn der Zeit

Und wieder ist es nun so weit,
ständig nagt der Zahn der Zeit,
unaufhaltsam Jahr für Jahr,
so wie es wohl schon immer war.

Und sieht man wie die Zeit vergeht,
der Zeiger immer weiter dreht
bis man sich denkt, was soll's - egal,
man hat ja schließlich keine Wahl.

Da hilft kein Jammern oder Fluchen
und auch kein Fitness Urlaub buchen,
die Spuren haben sich eingegraben,
wir müssen es irgendwie ertragen.

Auch wenn die Falten nur noch stören,
anstatt den Liebsten zu betören,
was nützt das ganze ‚Anti-Falten'
kann man sich nicht mehr grade halten?

Die Knochen hat man sich verbogen,
die letzten Zähne schon gezogen,
eingefallen das Gesicht
schmerzgeplagt von schlimmer Gicht,
hofft man noch auf gute Jahre,
bevor man liegend auf ner Bahre,
aus dem Hause wird geschoben,
der ‚Herrgott' wartet schließlich oben..

Doch so weit ist es noch nicht,
weit entfernt ‚Jüngstes Gericht'
Zu lernen wäre noch das Beten,
bevor wir vor den Schöpfer treten.

Doch ob das wirklich noch was bringt?
Weiß man doch wer am Schluss gewinnt.
Man kann`s ja trotzdem mal probieren,
was hat man schließlich zu verlieren?

Doch bringt es wirklich nicht die Bohne,
wenn man des Glaubens völlig ohne,
Vergebung für die Sünden sucht..
..man höchstens in die Hölle bucht.

Da kommt man wirklich mal ins Grübeln
und kehrt zurück zu allen Übeln,
zu Falten und zu vielen Pfunden,
zu Kuchen bei den Plauderstunden,
zu Brust Op. und Fettabsaugen..
..man kann es wirklich kaum noch glauben.

Doch kommt man schließlich auf den Punkt,
dass man im Kopf nicht richtig funkt
und sich im Geiste selber knebelt,
wenn all dies das Gehirn vernebelt.

Denn will man bloß beim Blümchen gießen
endlich den Ruhestand genießen,
so muss man sich nur eingestehn:
Das Leben ist auch 'Alt' noch schön !

Unsere Werbung

Was Werbung aus dem Menschen macht
hätt' sich so mancher nicht gedacht.
Doch alles was es gibt zu kaufen
ist auch durch Medien gelaufen.

Man braucht sich nur mal umzudrehen,
es ist doch überall zu sehen,
wie wir geködert werden sollen,
auch, wenn wir es gar nicht wollen.

Ein Entkommen gibt es nicht,
schließlich ist man ganz erpicht
uns zum Kaufen zu verleiten,
es gibt ja so viel Möglichkeiten...

Man redet uns zum Beispiel ein,
dass man ja um „In" zu sein
so viele Dinge haben muss,
am besten gleich im Überfluss.

Auch Hausarbeit wird leichter sein
kauft man nur Markenware ein,
doch wer damit den Boden scheuert
stellt fest, es ist bloß überteuert.

Denn was soll es auch schon nutzen..?..
...es wird sich nicht von selber putzen,
weil glatzköpfiger Muskelprotz
lächelnd von Verpackung glotzt..!

Aber auf solch schnöden Schein
fällt die Masse nun mal rein,

denn mit optisch schönen Sachen
lässt sich viel mehr Kohle machen.

Doch auch die Billigangebote
kriegen vom Warentest ne Note.
Und sehr oft kann man da lesen,
es wär die bessere Wahl gewesen.

Der Verbraucher alles glaubt
Hauptsache man ihm erlaubt,
dass er sich dabei Clever fühlt,
wenn er im Angebotstisch wühlt.

Auf Mogelpackung muss man achten,
den Inhalt - Contra Preis betrachten,
damit man uns am Ende glatt
nicht übern Tisch gezogen hat.

Wenn man die Zweifel kann verscheuchen,
lässt sich der Mensch so einfach täuschen.
Merkt nicht mal, wenn der ‚weiße Riese'
verzweifelt an der Wäschekrise.

Tierversuche

So manche Dinge die geschehen,
kann man einfach nicht verstehen.
Wie grausam kann der Mensch doch sein,
wie niederträchtig und gemein..

Da gibt es welche, muss man sagen,
die skrupellos nach Tieren jagen.
Man kann sie kaum noch Menschen nennen,
will solche garantiert nicht kennen.

Die in den Laboren sitzen
und gnadenlos mit ihren Spritzen,
das Allerneueste ausprobieren,
wie gesagt - an unseren Tieren.!

Man wagt sich kaum noch zu erzählen,
wie die Einzelnen sie quälen.
Man könnte weinen, tagelang,
weil man es nicht begreifen kann.

Vor allem kann man nicht verstehn,
dass, wenn die dann nach Hause gehen,
sie ihre Kinder lächelnd küssen
...haben die denn kein Gewissen..??

Fast-Food, Kosmetik, Medizin,
damit erklären sie den Sinn.
Doch das ist wohl nur Selbstbetrug,
denn davon gibt's weiß Gott genug..!

Zu welchem Zweck braucht man noch mehr?
Wozu muss immer Neues her?

Davon nur Großkonzerne leben,
wenn wir dafür das Geld ausgeben...

Zum Wohle des Menschen - schon lange nicht mehr,
zum füllen von Konten dient es wohl eher.
Quälen und foltern sie arme Geschöpfe
für Zahnpastatuben und Faltencremetöpfe.

Für Parfüm und Vollwaschmittel...
...und solche haben Doktortitel..??
..rennen in weißen Kitteln herum
und glauben noch, dass sie 'Gutes' tun...?

Die Industrie hat uns fest in der Hand,
mit Protest rennt man gegen ne Wand,
wenn ganze Scharen von Rechtsanwälten
Gesetze vorlesen, die hier gelten...

Denn irgendwie machen wir alle mit,
weil es ja wirklich kaum etwas gibt,
dass nicht erst im Tierversuch erprobt,
bevor's von der Werbung hoch gelobt
letztendlich in Regalen landet,
hygienisch einwandfrei behandelt...

Deswegen müssen Tiere leiden,
man könnte so viel Qual vermeiden,
würde man öffentlich alles berichten,
würde so manch einer gerne verzichten...

Im Grunde dürften wir nichts mehr kaufen,

in die Natur sollten wir laufen.
So viele Pflanzen gibt’s auf der Welt,
im Garten sie wachsen für weniger Geld.

Wären wir bereit, dafür was zu tun,
müsste kein Tier sterben - für unseren Konsum..!

Fußball ist unser Leben

Der Deutsche ist dafür bekannt,
dass er fanatisch für sein Land
zu jedem Endspiel eifrig fährt,
weil er das Fußballspiel verehrt.

Die Meisterschaften sind sein Laster,
dafür gibt er schon sehr viel Zaster
und um ‚live' dabei zu sein,
zückt er auch noch den letzten Schein.

Auch zu Hause sieht man dann,
was Fan sein so bedeuten kann,
wenn keinen Zentimeter man
im Hobbykeller kommt voran.

Der ganze Raum ist zugestellt
mit ‚Kinderspielzeug' für viel Geld,
damit man in dem ganzen Kram
das Heiligtum platzieren kann.

Denn mitten im Pokalgeprotze
steht wie auf nem Altar - die Glotze.
Mit Liegestuhl und Fernbedienung
am liebsten in Vereinslackierung.

Sieht man die ganzen Fan-Artikel,
denkt man an Teenies und kriegt Pickel,
und fragt genervt sich warum „Mann"
nicht mal erwachsen werden kann.

So lädt er dann spielt sein Verein,
zuerst mal seine Kumpel ein

und ehe das Spiel noch angepfiffen,
wird sich das erste Bier gegriffen.

So sitzen sie mit hohler Stirn
und starren auf den Fernsehschirm.
Wobei man sie nicht stören sollte,
sonst gibt's ne häusliche Revolte.

Und sprintet dann ein Stürmer vor,
schafft's und macht das erste Tor,
dann werden sie im Lampenschein
aufstehen und ‚LAOLA' schreien.

Schon vor der Halbzeit sie besoffen,
der Sabber läuft, die Hose offen.
Der erste schon im Rausche pennt,
der nächste schnell zum Pinkeln rennt,
damit wenn gleich die Pfeife schrillt
ihm nicht die Blase überquillt.

Das Spiel ist aus, sie haben verloren,
ein Grund zum Saufen neu geboren,
bis zwischen Wimpeln, Schals und Kappen,
sie endgültig zusammenklappen.

...und ‚Auswärts', das bedeutet immer,
der Absturz wird noch viel, viel schlimmer...

Besinnlichkeit..??

Schaut mal hin und auch mal her
Advent, Advent, es Weihnachtet sehr.

..es ist das große Fest der Liebe..

Oder doch eher für Taschendiebe..?
..die auf den Weihnachtsmärkten lauern,
die Opfer sind nur zu bedauern.

Es wird zwar stets davor gewarnt,
jedoch sind Solche gut getarnt
und bis man an der Kasse steht
ist es meistens schon zu spät.

Trifft einen dort ein riesen Schreck
merkt man, das Portemonnaie ist weg.
Da wird dann alles abgesucht,
vor Verzweiflung laut geflucht,
die Festtagsstimmung ist dahin,
das ganze Weihnachtsgeld war drin.

Wovon denn nun Geschenke kaufen??
Es ist doch echt zum Haare raufen.

..ach nein, es ist das Fest der Liebe..

Man lieber zwar zu Hause bliebe,
doch fährt und läuft man hin und her,
als gäbe es morgen schon nichts mehr.

Eingekauft wird massenweise
für völlig überhöhte Preise,

will man doch an solchen Tagen
jedem was zu bieten haben.

..Ist es doch das Fest der Liebe..

Bei manchen setzt es höchstens Hiebe,
weil man den ganzen Stress drum rum
ertränkt, in einer Flasche Rum
und dann die Aggression abbaut
indem man Frau und Kinder haut..

..oh ja, es wäre das Fest der Liebe..

Wenn mancher nicht so einsam bliebe,
dass er vor Kummer fast vergeht,
am Ende auf 'ner Brücke steht
und wenn er sich nicht noch besinnt,
letztendlich auch tatsächlich springt.

..das Fest der Liebe bringt bunte Lichter..
doch hat es unendlich viele Gesichter.

Während die Einen im trauten Heim
und familiärem Beisammensein
den Frieden genießen, sich reich beschenken,
müssen andere ans Überleben denken.

So viele Schicksale gibt's auf der Welt,
nicht jedes davon zu den Glücklichen zählt.
Wird nicht auch viel zu viel verschwendet
anstatt man es an Bedürftige spendet?

Denken wir nur noch an unseren Konsum,
statt Anderen auch mal was Gutes zu tun?

Klingt das denn nach Besinnlichkeit..
..zu unserer schönsten Jahreszeit?

Heinzelmännchen

Wisst Ihr, was Heinzelmännchen sind..??
..ich bin ein Heinzelmännchen-Kind..
Komm nach Haus, das Holz gehackt,
Geschirr gespült und weggepackt.

Der Rasenmäher repariert,
das Obst geerntet, aussortiert.
Gelee und Saft daraus gemacht
und krieg es fertig noch gebracht.

Selbst Kekse krieg ich noch gebacken,
kann auf der Couch zusammensacken,
lass Eierlikör ins 'Becherchen' fließen
und ruh' mich aus, beim Plätzchen genießen.

Find immer ein Ohr für meine Sorgen,
kann jederzeit mir Geld noch borgen.
Krieg niemals irgendwas verboten,
doch immer Hilfe angeboten.

Mit Rat und Tat stehn sie zur Seite,
geben Tipps - und zwar gescheite,
sprechen sie mir Mut noch zu,
egal, was ich auch immer tu.

Sagen ehrlich, was sie denken,
während sie mir Liebe schenken.
Sind einfach immer für mich da,
Heinzelmännchen sind wunderbar.

Kann gar nicht oft genug erwähnen,
wie sehr sie mich damit verwöhnen.
Viel zu wenig dank ich ihnen,
obwohl sie viel, viel mehr verdienen.

Ich möchte ihnen auch mal sagen,
dass sie an sehr, sehr vielen Tagen,
eine riesen Stütze sind
für ihr Heinzelmännchen-Kind.

So kann ich mich mit Ruhe setzen
und mich wirklich glücklich schätzen.
Denn ich bekam die Zusatzgabe,
dass ich ‚Heinzel-Eltern' habe.

Ich liebe Euch

Glaubst Du noch? Oder weißt Du schon?

Was ist eigentlich Religion?
Wie viel davon ist blanker Hohn?
Was auch immer sie verspricht,
am Ende doch ihr Wort sie bricht...?

Wie viele es gibt kann man kaum sagen,
so aufgesplittert sie sich haben.
Von Europäern bis Muselmanen,
sie alle ihre Eigene haben...

Wann ist sie überhaupt entstanden,
als sie unseren Jesus fanden?
Oder zu viel früheren Zeiten?
Darüber Wissenschaftler streiten.!?

Wir haben sie nicht auserkoren,
wir wurden nur hinein geboren.
Sollen mit Ehrfurcht sie betrachten,
doch vieles kann man nur verachten...

Und welcher Gott ist jetzt der Wahre,
der Einzige und Wunderbare.?
Wie viele gibt es denn davon,
neben ‚Gott Vater' und seinem Sohn?

Doch vielleicht sind wir auch alle
gelaufen in ne große Falle
und es gibt wirklich nur ‚den Einen'?
Oder gibt's vielleicht ‚gar keinen'?

Doch wie auch immer man es sieht,
in seinem Namen viel geschieht,
dass er sich sicher so nicht dachte,
wozu er sonst Gebote machte?

‚Du sollst nicht töten', kann man lesen,
doch - wo ist dieser Gott gewesen,
als in vielen tausend Kriegen
die Toten alle liegen blieben??

Und welcher Gott hat denn gesagt,
dass wenn man in die Luft sich jagt
und möglichst viele mit sich nimmt,
es 40 Jungfrauen einem bringt...??

Was haben Kirchen zu bedeuten?
Sie nur die Gläubigen ausbeuten?
Wahrscheinlich ist im Vatikan
nicht mal die Kirchenmaus mehr arm...

Wie immer geht es nur um Geld,
die ‚Arme Seele' hier nicht zählt..
Um Politik und Macht es geht
nicht, wie es um die ‚Schäflein' steht..

Der ganze Glaubensfanatismus
ist im Grunde nur Rassismus
und Neid auf das was andere haben,
sie würden besser sich vertragen....

Jedem seinen Glauben lassen
anstatt ihn dafür noch zu hassen.
Und jedem Menschen Mut zu machen
statt über Ängste noch zu lachen...

Wer glaubt wird selig - sagt man auch,
doch ist das wohl nur Schall und Rauch.
Von Bibel hin bis zum Koran
ist alles nur noch Größenwahn...!

Und Gottes ‚Vertreter' auf der Welt,
wer hat ihn denn dazu bestellt?
Hat er mit Gott am Tisch gesessen
und das Abendmahl gegessen?

Dann sind da noch die Propheten,
zu denen wir doch sollen beten.
Hat es denn wirklich sie gegeben?
Haben sie all das gesagt im Leben?

Die Meisten konnten nicht mal schreiben,
doch ihre Worte sollen bleiben?
Nur Überlieferungen blieben,
erst später wurde aufgeschrieben,
was wahrscheinlich gar nicht stimmt...
Trotzdem man alles übernimmt.?

Sind doch alles nur Gerüchte,
doch Heute nennt man es ‚Geschichte'.
Und weil es so schön heilig klingt,
man Aug um Aug den Feind umbringt.!?

Egal wie sie auch alle heißen,
sie uns damit doch nur bescheißen,
um ihre Ziele durchzusetzen
mit ihren göttlichen Gesetzen...?

Während sie den Messwein saufen
sich ihre Ablassbriefe kaufen..?
Trotzdem sie auf der Kanzel stehen,
sich noch an kleinen Jungs vergehen..?

Im Zölibat angeblich leben,
weil sie ja nach Höherem streben..?
Sich nach außen frömmig zeigen
und des Nachts auf Huren steigen..?

Und solche wollen uns belehren?
Zu wahrem Glauben uns bekehren..?
Trotz ihrer vielen eigenen Sünden
wollen sie uns Gottes Wort verkünden..?

Mit diesem Thema könnte man
beschäftigen sich Jahrelang.
Doch werfen möchte man bloß Steine
auf die geheuchelten Heiligenscheine..!

Freunde

Wer Freunde hat in seinem Leben,
dem hat das Schicksal was gegeben,
dass pfleglich man behandeln muss,
es gibt sie nicht im Überfluss...

Freunde nicht vom Himmel hüpfen,
echte Freundschaft muss man knüpfen,
oft muss man sie sich erst verdienen,
drauf achten, sie nicht zu verlieren..

Doch wer ist wirklich unser Freund?
..der da ist, wenn ‚die Sonne scheint'.?
Lässt sich der denn auch noch sehn,
wenn wir mal ‚im Regen stehn'.?

Hier muss man ganz klar unterscheiden,
falsche Freundschaft möglichst meiden,
bevor man sich enttäuscht abwendet
und merkt - der Einsatz war verschwendet..

Weil die, die sich groß Freunde nennen,
so tun, als ob sie dich nicht kennen,
sobald Probleme mal auftauchen,
sind sie zu nix mehr zu gebrauchen.

Wenn echte Hilfe ist gefragt,
kriegt man von denen bloß gesagt,
dafür sind sie jetzt nicht bereit,
..sie haben grade keine Zeit..

Gleichgültig ist ihnen, wie es dir geht
und wie es dabei um dein Seelenheil steht.

Machen sich höchstens darüber Sorgen,
man wolle sich Geld von ihnen borgen.

Auf solche kann man getrost verzichten,
den Blick lieber auf die Anderen richten,
die nicht nur bei Party's anwesend sind
und wenn man strahlt, wie ein glückliches Kind.

Bei denen man gibt und auch was erhält,
Beistand und Zuspruch von Freunden viel zählt..
Gelegentlich auch mal Kritik ertragen,
will man sich stets die Wahrheit sagen
und ohne den anderen gleich zu hassen,
ihm auch seine eigene Meinung lassen.

Denn eine andere Sicht von Dingen,
kann manchmal schon die Lösung bringen.
Nur einmal darüber zu sprechen,
statt sich alleine den Kopf zu zerbrechen.

Einander Geheimnisse anzuvertrauen,
wenn's sein muss auch bis zum Morgengrauen.
Durch Höhen und Tiefen gemeinsam man schreitet,
sich gegenseitig Freude bereitet.

Einander hilft und unterstützt
..auch, wenn es manchmal gar nix nützt..
Einfach zu wissen, man ist nicht allein,
kann oftmals die größte Hilfe sein..

Es ist keine Frage, sondern ganz klar,
dazu sind Freunde schließlich da..

Der Un-Mensch

Ich hab mal irgendwo gelesen,
der Mensch sei ein ganz seltsam Wesen.
Es scheint zu stimmen wenn man sieht,
was alles in der Welt geschieht.

Er steckt voll Widersprüchlichkeiten,
die einem Übelkeit bereiten,
weil man längst nicht mehr versteht,
um was es dabei wirklich geht.

Doch Mensch ist auch noch dann entzückt,
wenn er selbst nicht mehr durchblickt
und redet sich dabei noch ein,
das ‚Größte' auf der Welt zu sein.

Da gibt`s die komischsten Gestalten,
die sich für die "Guten" halten
und dabei doch glatt übersehen,
dass sie hinter Wahnsinn stehen.

Denn wer kann sich ernsthaft wünschen,
Krieg zu führen gegen Menschen.?
Wo's um Öl geht, Macht und Geld
und Korruption die Hand aufhält?

Doch so war es wohl schon immer,
heutzutage ist's nur schlimmer.
Verfassung und Gesetz...Gedichte,
schon die Bibel Kriegsgeschichte...

Wenn Kinder nun schon sind Soldaten
in vielen bettelarmen Staaten,

woran soll man sich dann noch halten,
wenn Irre unsere Welt verwalten..??

Schurkenstaaten, Terroristen,
die muss man schließlich überlisten.
Ein großer Haufen wird vereidigt,
damit er dann das Land verteidigt

Doch ist die Frage auch wogegen
und kann man sich noch frei bewegen?
Sind es nicht auch die eigenen Leute,
die einen jagen wie ne Meute?

Die, die ständig -Ja- nur sagen,
ne eigene Meinung nicht mehr wagen
aber über Andere hetzen
und Menschenrechte oft verletzen.

Will man in Ruhe weiterleben,
so muss man sich in Acht noch nehmen,
wenn man solche möcht belehren:
Sie soll'n vor Ihrer Türe kehren.

Jedes Wort wird dann zitiert,
man fast als Staatsfeind denunziert,
weil man nicht mit der Masse hechtet,
wird man gesellschaftlich geächtet.

Drum ist es auch auf unsrer Welt,
moralisch ziemlich schlecht bestellt.
Denn jeder ist des anderen Feind,
anstelle das man sich vereint.

Noch während man die Feinde meuchelt
wird Solidarität geheuchelt,
und Nationalstolz noch dazu,
ein eigenes Leben ist Tabu.

Im Namen unserer Sicherheit,
werden Waffen ausgeteilt,
damit wir dann den Feind besiegen,
in weiteren sinnlosen Kriegen...

Das kurbelt ja die Wirtschaft an,
auch wenn man kaum noch schlafen kann.
Wenn Menschenleben nichts mehr zählt,
haben wir den falschen Weg gewählt.

Schon in der Glotze kann man sehn,
wie alles wird zu Grunde geh'n.
Mit selbstgemalten Wirklichkeiten,
sie falsche Wahrheiten verbreiten.

Fremder Glaube wird verspottet,
die 'Achse des Bösen' ausgerottet
und am Ende ungefragt,
die Erde in die Luft gejagt.

Und da das wahrlich kein Gewinn,
fragt man auch weiter nach dem Sinn.

Urlaubszeit

Da ist sie wieder - Urlaubszeit -,
gestresste Mienen weit und breit,
bepackte Wagen überall,
sehn aus wie nach 'nem Überfall.

Da wird gestapelt und geschoben,
das Schwerste immer schön nach oben,
Frau und Kinder eingebaut,
so sicher das sie niemand klaut.

Das Wohnklo kaum vom Hof man kriegt,
zuviel Gewicht die Achsen biegt.
So macht man sich ganz aufgeregt,
schließlich und endlich auf den Weg.

Doch schon nach wenig Kilometern,
fangen die Kinder an zu zetern.
Eins langweilt sich, eins muss aufs Klo,
wär' man schon da, man wär' so froh.

Doch erst einmal stellt man sich an,
im Megastau der Autobahn.
Im Stop and Go bis Barcelona,
vor Hitze fällt man fast ins Koma,
bis man vor Schweiß ganz aufgeweicht,
endlich das Urlaubsziel erreicht.

Dort packt man aus, baut auf und flucht,
weil man die Einzelteile sucht,
die man in aller Eile glatt,
zu Hause doch vergessen hat.

Improvisieren heißt das Motto,
denn hat man gar kein Glück im Lotto,
so muss man sich in seinem Leben,
mit wenig halt zufrieden geben...

...und nehmen was man eben kriegt,
auch wenn man sicher lieber fliegt.

Im Altenheim

Ein Sonntag so im Altenheim,
Omi's und Opi's ganz allein,
da kann man, wahrt man auch den Schein,
mit vielen Menschen Einsam sein.

Die Kinder wohnen weiter weg
schneller Besuch hat keinen Zweck,
fühlt man sich seit man eingezogen,
im Grunde ziemlich abgeschoben.
Und trotzdem guckt man ganz verstohlen,
ob sie nicht kommen einen holen.

Spaziergänge im Sonnenschein,
der Urenkel hört nicht auf zu schrei'n
so denkt man dann an gute Zeiten
und freudig sich die Äuglein weiten,
denn manchmal kommt es wirklich vor,
das da draußen vor dem Tor,
das Auto der Familie steht,
womit es einem besser geht.

Da sitzt man dann vor gutem Essen,
vor Aufregung Gebiss vergessen,
bemüht dass man es runter schlingt
bevor der Wirt die Rechnung bringt.

Doch wenn man auf den Felgen kaut
dann ist einem der Tag versaut,

und wünscht bei vorgetäuschtem Glück
sich in Wirklichkeit zurück,

zu Fernseh'n und Programmauswahl,
zu weichgekochtem Abendmahl,
Zu schlecht gelaunten Krankenschwestern
und dem Krimifilm von Gestern,
von dem man etwas angeregt,
erst spät sich in sein Bett gelegt.

Zum Frühstück wieder Haferbrei
vielleicht ein hartgekochtes Ei,
der Zivi murmelt noch ein 'Bitte'
und dann: 'Beeilung,- gleich Visite.'

Der gleiche Ablauf - Tag für Tag
der Doktor, den man auch nicht mag,
doch weil man hier hat wenig Sorgen,
fühlt man sich trotzdem noch geborgen
und bei der mittäglichen Pause
glaubt man fast man ist zu Hause.

Ungeheuer

Ist es eigentlich noch zu fassen,
was auf die Menschheit sie loslassen?
Es kann nicht wirklich sinnvoll sein,
das jeder kriegt nen Führerschein.

Oft bekommt man echt die Panik,
wie auf der sinkenden Titanic.
Sitzt man bei manchen nur daneben,
will man sich bloß noch übergeben.

Ob Mann, ob Frau ist ganz egal,
es ist die reinste Höllenqual.
Auch ist das Alter unerheblich,
Belehrungen sind eh vergeblich.

Bei manchen man sich ernsthaft fragt,
warum sie nicht schon längst verklagt,
weil sie nur den Verkehr aufhalten
und jeden Zeitplan umgestalten.

Vorbei kommt man an denen nie,
die ganze Straße brauchen sie.
Zappeln ständig hin und her,
bremsen bei jedem Gegenverkehr.

Und sitzen dabei so nah an der Scheibe,
das zwischen Lenkrad und dem Leibe,
kaum noch Platz zum Atmen bleibt
vor allem, wenn man gut beleibt.

Ein Alptraum kann ein Parkhaus sein.
Schon die Einfahrt viel zu klein,

man eine Parkbucht anvisiert,
Ewigkeiten rumrangiert,
und bis man endlich drinnen steht,
fast ein halber Tag vergeht.

Wird so was nicht mehr beigebracht,
wenn man die Fahrerlaubnis macht?

Auf Autobahnen hat's den Schein,
sie glauben, sie sind ganz allein,
wenn ohne blinken und zu gucken,
sie auf die linke Spur dann zucken.

Kaum schneller als der Vordermann,
führen sie die ‚Schlange' an,
die sie hinter sich schnell bilden,
die ganzen ‚Drängler, diese Wilden'.

Sind sie am LKW vorbei
nach dieser ‚irren Raserei',
sie ohne darüber nachzudenken,
einfach nur rechts rüber lenken.

Warum Autos Spiegel haben,
können sie uns auch nicht sagen.
Darin sie sowieso nichts sehen,
weil diese Richtung Himmel stehen.

Den Fuß sogleich vom Gas sie nehmen
um sich entspannt zurück zu lehnen.
Der Finger in die Landschaft zeigt,
der ‚Laster' in die Eisen steigt.

Manch einen sollte man echt zwingen,
den Führerschein zurück zu bringen.

‚Rennfahrer' gibt es natürlich auch
und bei denen ist es Brauch,
sich in den Schalensitz zu setzen
und sich selbst zu überschätzen.

Mit Vollgas jagen sie dann stur,
jeden von der linken Spur.
Begrenzungen sie gar nicht kennen,
so tun wie beim `Sechs-Tage-Rennen´.
Nur ihnen allein gehört die `Bahn´
glauben sie in ihrem Wahn.

Wer bremst ist feige hört man oft.
Doch oft kommt es auch unverhofft,
sie haben etwas übersehen,
zu spät sie auf der Bremse stehen
und nach drei mal überschlagen
liegt der Wagen dann im Graben.

Der Airbag ins Gesichte knallt
zum Glück waren sie angeschnallt.
Selten geht so etwas gut
und da kriegt man echt die Wut,
weil Unschuldige daran beteiligt werden
und im Extremfall dabei sterben.

Den Fahrern sollte man nahelegen,
den ‚Lappen' wieder abzugeben..

Doch Einsicht meistens sie verweigern,
man kann das ganze ja noch steigern.
Ein anderes Auto sich besorgen,
um am Besten früh am Morgen
auf den Berufsverkehr zu warten
und dann als Geisterfahrer starten.

Es mag durchaus in diesem Leben
hier und da auch Fälle geben,
die tatsächlich aus Versehen
Falsch rum in der Abfahrt stehen.

Doch im Kopfe wohl nicht richtig,
die meisten voll und ganz - absichtlich.
Ne Wette - oder was auch immer,
es macht das Ganze nur noch schlimmer.

Ist besser noch als Internet - Spiele,
hier hat man Lebensechte ‚Ziele'.
Hier gehört der Schein genommen
auch niemals ihn zurückbekommen.

Was anderes kann hier gar nicht passen,
als Lebenslang zu Fuß gehen lassen.
Haben denn Prüfer kein Gewissen?
Schlafen sie ruhig in ihren Kissen?
Bei vielen ist doch abzusehen,
dass sie vom Fahren nix verstehen.

Für sich und Andere eine Gefahr,
man muss es mal sagen, ist schließlich wahr.
Doch viel zu einfach scheint es zu sein
hier kriegt wirklich jeder nen Führerschein.

Geht's da nicht wieder nur um Geld?
Wobei dann jeder Fahrer zählt?
Es zahlen ja auch die ‚Ungeheuer'
schließlich Haftpflicht und die Steuer!

‚25'

Zu Eurem Tag noch ein paar Worte,
doch welche von der heiteren Sorte...
Wir kennen uns schließlich nicht erst seit Gestern,
da kann ich mir leisten, ein bisschen zu lästern..

Das Schicksal hat Euch zusammen gebracht
und Ihr habt daraus etwas gemacht,
wofür es sich zu leben lohnt
auch wenn die Weise ungewohnt.

Seit nunmehr 25 Jahren,
seid Ihr jetzt hin und her gefahren,
um Euren Wohnsitz zu behalten
und um ein Leben zu gestalten,
das trotz Allem Freude bringt,
auch wenn man hier kein Loblied singt...

Habt Stunden im Auto zugebracht,
doch hat es Euch nichts ausgemacht.
Denn was sind schon Wind und Wetter,
wenn Liebe aller Übel Retter..?

Was sind da schon Naturgewalten..?
..bei Liebe gibt's nun mal kein Halten...
Habt skeptische Minen ungeachtet,
noch Hund, Katze, Maus ins Auto verfrachtet.
Den Kofferraum voll mit allerlei Sachen,
Euch wöchentlich auf den Weg zu machen.

Wie Schneekönige habt Ihr Euch drauf gefreut
und es auch sichtbar nicht bereut.

Nahmt tausende Kilometer in kauf,
doch hört Ihr auch mal damit auf..?

Oder macht Ihr Euch auch als "Tattergreise"
noch wochenweise auf die Reise..??
Es sei Euch noch Mal soviel Zeit vergönnt,
in der Ihr so weiter machen könnt..

Oder könnt Ihr Euch einfach nicht entscheiden,
wo Ihr letztendlich wollt verbleiben..?
Wo Andere aneinander kleben,
führt Ihr ein ‚Vagabundenleben'.

Und fühlt Ihr Euch manchmal auch allein,
so scheint Ihr doch damit glücklich zu sein...

Habt nicht gesucht und Euch doch gefunden,
Höhen und Tiefen überwunden,
habt beide Euren eigenen Kopf
und doch passt der Deckel auf den Topf..

Ein viertel Jahrhundert geht das schon so,
und ich wäre wirklich von Herzen froh,
wenn Ihr noch lange, lange Zeit
Fit, Gesund und Munter bleibt.

Um so zu leben, wie es Euch gefällt,
egal, was der Rest der Welt davon hält..
Nur Euer Glück ist am Ende wichtig,
die Meinung der anderen ‚Null und Nichtig'..

Denn was kann es auf Erden schöneres geben,
als den passenden Menschen zu finden fürs Leben..?

Der Tourist

Und wieder mal ist Urlaubszeit,
kein freier Parkplatz weit und breit.
So reiht sich auf der Autobahn
ein Wohnklo an das andere an.

Dazwischen PKW und Laster,
die Mautstationen voller Zaster
und jeder Rasthof überquillt,
weil alles sich die Bäuche füllt.

Sie fallen ein wie die Vandalen,
man duldet sie, weil sie bezahlen.
Der Kellner sich genervt abwendet,
schon freut wenn seine Schicht beendet.

Der deutsche Touri nicht beliebt,
weil er sofort ne Fratze zieht,
wenn er im fremden Abendlicht
seine Currywurst nicht kriegt.

Er tobt vor Wut, er flucht und schreit,
ist schnell zur Schlägerei bereit,
noch fragt wozu er schließlich hier,
er will jetzt und sofort sein Bier !

Nach -acht bis zwölf- und vielem Lallen
in seine Koje er gefallen
und während er von Freibier träumt,
sein Wohnmobil wird ausgeräumt.

Ne Strafe ist es auf dem Fuße,
sobald er wach ist kommt die Buße.

Denn schließlich ist es immer schlecht
wenn man zu Fremden ungerecht.

Und während er am Strand noch schlendert,
schwört er sich, dass er sich ändert.
Doch ist auch das nur eine Flause,
denn Touri macht höchstens ne Pause
und freut sich schon aufs nächste Fest
wo er sich geben kann den Rest.

Bis zum Verlust der Muttersprache
hält er an der Theke Wache.
Doch wenn er sich auch heftig wehrt,
zur Sperrstund wird er rausgekehrt.

Auch wenn noch Platz in seinem Rachen,
er kann erst Morgen weitermachen,
die Urlaubskasse zu versaufen,
zur Not wird halt nach Haus gelaufen...

Kleine Seelen

Immer wieder frag' ich mich,
wo leb' ich denn hier eigentlich?
Gibt es denn noch einen Tag
an dem man Zeitung lesen mag?

Auch wenn man Nachrichten nur hört
ist man am Ende ganz verstört.
Fast täglich kann man es erfahren
und soll die Ruhe noch bewahren?

Da gibt es doch tatsächlich Leute,
für die sind Kinder einfach Beute!
Am liebsten sind sie ihnen klein.
Wie krank muss man denn dafür sein?!

Sie sitzen ganz ruhig da und warten,
vor irgendeinem Kindergarten.
Suchen sich ihr Opfer aus
und locken es dann in ihr Haus,
um die widerlichsten Sachen
mit einem kleinen Kind zu machen.

Verschleppt, gefoltert, malträtiert,
bis sie letztlich ungeniert
alles tun, was andere sagen,
schließlich keine Wahl sie haben.

Missbraucht, gequält und festgebunden,
seelisch und körperlich geschunden.
Und auch wenn sie es überleben,
wird es kein ‚normales' Leben geben.

Wie soll man so etwas überstehen,
ohne zu Grunde dran zu gehen?

Und was geschieht dann mit den Tätern?
Moral- und Menschlichkeitsverrätern?
Pädophile - Psychopaten,
kaum bestraft, für ihre Taten...

Sind meistens Wiederholungsfälle,
im Knast immer ne Einzelzelle,
weil jeder solche nur verachtet
und ihnen nach dem Leben trachtet.

Soll man mit denen Mitleid haben
die sich am Elend anderer laben?
Sie landen in der Psychiatrie,
vollgepumpt mit Pharmachemie,
leben auf des Staates Kassen
und werden als ‚geheilt' entlassen?!

Die Freiheit sie zurück erlangen,
um dann von vorne anzufangen?
Solche kranken Kreaturen
hinterlassen tiefe Spuren.

Wieso lässt man sie wieder gehen?
Was ist das für ein Rechtssystem?
Wer den Staat um Geld geprellt,
ruck-zuck 10 Jahre Knast erhält?

Läuft da nicht irgendwas verkehrt,
wenn Geld mehr als ein Leben wert?

Und die eigenen Mütter, Väter?
Oftmals sind sie selbst die Täter.
Haben von Familienplanung
nicht einmal die Spur von Ahnung.

Wollten niemals Kinder haben,
als Eltern sie total versagen.
Das Babyweinen überhören,
weil Kinder einfach immer stören?

Vom Drogenrausch total besessen
die Kleinen tagelang vergessen?
Wenn sie über Hunger klagen,
werden sie gnadenlos geschlagen?

Prügel ihren Tag gestalten,
bis den Mund sie endlich halten?
Bei manchen kommt es auch noch schlimmer,
sie halten dann den Mund...
...für immer...

Dem einen gerade das Leben genommen,
sie gleich das nächste Kind bekommen?
Das realistisch mal betrachtet,
vom gleichen Schicksal wird erwartet?

Für viele ist es kein Problem,
solch Elend schlicht zu übersehen,
was geht sie auch da nebenan,
das Familiendrama an?

Augen und Ohren man verschließt,

beim Fernsehen Abendbrot genießt
und ein Leiden noch verschlimmert,
weil man sich lieber nicht drum kümmert.

Hat man als Mensch denn nicht auch Pflichten,
von solchem Wahnsinn zu berichten?
Um Gewalt an diesen Kindern
für die Zukunft zu verhindern??

Zum Fahren einen Führerschein,
für alles ausgebildet sein,
doch Kinder in die Welt zu setzen
regelt Niemand mit Gesetzen.
Viel Kummer könnte man vermeiden,
doch das darf Jeder selbst entscheiden.

Und wer denkt dabei an die ‚Kleinen'..

..Kinderseelen die da weinen..??

Unsere Tiere

Stand nicht mal irgendwo geschrieben,
dass die Menschen Tiere lieben?
Doch kann man das denn wirklich glauben,
wenn sie die Freiheit ihnen rauben?

Wenn man die Augen offen hält,
sieht man sehr viel, was nicht gefällt.
Wie Tiere hier behandelt werden,
Einzelne oder auch Herden.

Manche haben's wirklich gut,
vor deren Herrn zieh ich den Hut.
Doch zu viele übertreiben,
dem Tier auch zu viel einverleiben.

Denn sitzt er da der kleine Pudel
und sabbert nach dem Apfelstrudel,
so muss man ihm doch auch was geben,
wär' doch sonst ein Hundeleben.

Dann wird er zum Friseur gebracht,
die Nachbarschaft schon drüber lacht,
wenn er rasiert und auftoupiert,
halb nackig über'n Hof spaziert.

Und wenn es regnet oder schneit,
dann ist es wieder mal so weit.
Denn wird es kalt, das ‚Schatzi' prompt,
ein Pullöverchen bekommt.

Mit Gummischühchen, Schal und Mütze,
kann man ja auch mal durch die Pfütze.

Denn schließlich steht daheim im Flur,
gleich rechts die Schuhputzgarnitur.

Auch Rumgezappel wird nichts nutzen,
die Füßchen wird man ihm abputzen
und wenn er jammert ungehemmt..
trotzdem kriegt er das Fell gekämmt.

Überfressen und verwöhnt,
kriegt er auch noch den Pelz geföhnt,
damit er keinen Schnupfen kriegt
und niesend auf der Couch rum liegt...

Manches Kind würde sich freuen,
würde man es so betreuen,
doch dem Kinde sagt man dann,
dass es das selber machen kann.

Doch nicht allen geht's so gut,
oftmals kriegt man bloß die Wut,
weil der Mensch ein Ego ist
und auch im Zoo gerne vergisst,
dass viele nicht hierher gehören
und wir sie damit nur verstören.

Denn es ist doch wirklich bitter,
sieht man von früh bis spät nur Gitter.
Von artgerecht hier keine Spur,
dafür aber wohl Kultur...

Oder in Massen sie gehalten,
unseren Speiseplan gestalten,

so wandern unsere Mitgeschöpfe,
hormonverseucht in unsere Töpfe.

Für den Mensch ist das ‚normal',
für mich persönlich ein Skandal.
Als Kind wird man schon so erzogen,
von vorn bis hinten angelogen.

Glückliche Hühner würden wir essen..
..doch hat man da nicht glatt vergessen,
das sie im Minikäfig stecken,
wo ganz elend sie verrecken...?

Doch nur so bringen sie Geld,
was anderes sowieso nicht zählt.
Notwendigkeit man stets beteuert..

...für mich sind alle ferngesteuert.!

Die Kinderzeit

Manchmal sitzt man einfach da
und denkt daran, wie's einmal war,
vor so langer, langer Zeit...
..scheint fast, vor einer Ewigkeit.

Schließlich war man auch mal Jung,
in manchen Dingen auch noch dumm.
Doch, auch wenn wir Fehler machen,
es gibt immer Grund zum Lachen.

Denkt man an die Kinderzeit,
wo man zu jedem Spaß bereit,
im Kopf nur Unsinn, keine Sorgen,
zu Hause war man gut Geborgen.

Kein Baum zu hoch, kein Weg zu weit,
sicher gab es auch mal Streit,
doch sieht man es im Nachhinein,
waren die Gründe winzig klein.

Da gab's noch Winter, Schnee und Schlitten,
auf deren Rücken man geritten
und richtige Sommer – Wochenlang,
an die man sich erinnern kann.

Fahrrad fahren, Rollschuh laufen,
Eis und Süßigkeiten kaufen,
Kirschen klauen, dreckig machen,
über jeden Blödsinn lachen.

Zeiten noch mit Märchenplatten
und Teekannen die Häubchen hatten,

um die Wärme drin zu halten,
ja, genau, die richtig Alten.

Mit Haustieren in vielen Sorten,
mit eigenen Geburtstagstorten,
mit gestrickten Pudelmützen
und Gummistiefeln in die Pfützen.

Draußen, war das "A und O,"
der Wald am Dorfrand Lieblingszoo,
bewaffnet noch mit Flitzebogen,
so ist man damals losgezogen.

Und wenn man dann einmal betrachtet,
welch Leben nun auf jene wartet,
die heut im gleichen Alter sind,
wünscht man sich nicht, man wäre Kind.

Stundenlang Computerspiele,
blass und krank davon schon viele,
weil sie nur noch drinnen hocken,
als Knirpse schon um Kohle zocken.

Auch sind sie viel zu viel alleine,
Gemeinschaft, Freunde gibt es keine,
und Bewegung sie nur kennen,
wenn sie zu Mc Donalds rennen.

Bäume nur im Fernsehen sehn,
auch nachts noch an den Kühlschrank geh'n
und von Schokoladebergen,
schließlich immer dicker werden.

Die Eltern möchte man wach rütteln,
den Kopf kann man da nur noch schütteln
und denkt mit Glück und Dankbarkeit,
an seine eigene Kinderzeit.

Wo Rehe sich am Waldrand zeigen,
bei gutem Wind die Drachen steigen,
wo's Freunde gibt und Wasserrauschen,
dagegen gibt es nichts zu tauschen.

Geblitzt

Na, schon mal vom ‚Blitz' erfasst?
Dafür die ganze Welt gehasst?
Ob betoniert oder mobil,
bezahlen muss man meistens viel.

Oft schon weiß man wo sie stehen,
mache kann man auch gut sehen.
Doch die meisten sind verborgen,
scheinen einen zu verfolgen.

Sie stehen rum, wenn man es glatt
mal wieder richtig eilig hat.
Und sind dann noch so gut versteckt,
das man sie viel zu spät entdeckt.

Hat ja sonst auch keinen Sinn,
denn Staat will machen viel Gewinn.
So hilft der Raser wieder Willen,
die leeren Kassen aufzufüllen.

Dafür sorgt in jeder Stadt
auch der Parkscheinautomat.
Hat man ans Kleingeld nicht gedacht,
der Sheriff sich ins Fäustchen lacht.

Und sind es auch nur fünf Minuten,
so muss man dafür wieder bluten..
Egal wohin man sich auch stellt,
am Ende kostet's trotzdem Geld.

Letztendlich wird es doch nicht reichen,
des Staates Schulden zu begleichen,

um unser Portemonnaie zu schinden,
ganz neue Steuern sie erfinden.

Denn schließlich wollen sie erhaschen,
auch noch den Rest aus unseren Taschen.
Dafür ist jedes Mittel recht,
Hauptsache das Geld ist echt.

Es manchen in den Wahnsinn treibt,
das einem sowieso nichts bleibt.
Früher konnte man noch sparen,
was das doch noch für Zeiten waren.

Ein leerer Kühlschrank ist ein Graus,
doch Staatsmann lebt in Saus und Braus,
er muss dabei nicht überlegen
wie er soll nächsten Monat leben.

Wohin soll das noch alles führen?
Für so vieles gibt es schon Gebühren.
Mal sehen, ob nach den nächsten Wahlen
wir auch für's Atmen noch bezahlen.

Au-to

Mit Au fängts an, mit O hörts auf,
beginnen tut`s beim Autokauf.
Es ist des Deutschen liebstes Kind
vor allem Männer da so sind.

Sie tun, als ob sie sonst nichts haben
und pausenlos hört man sie klagen.
Die Power fehlt und gute Sitze,
auch Klimatronic gegen Hitze.

Getönte Scheiben müssen rein,
die Reifen auch noch breiter sein
und ist es endlich tief genug,
dann braucht man fast nen Flaschenzug,
denn sonst kommt man nicht mehr heraus,
doch Hauptsache ein Augenschmaus.

Ein Radio ist viel zu wenig
er will sich fühlen wie ein König
und baut ne Soundanlage ein,
dreht auf bis das die Ohren schreien.

Damit die Straße rauf und runter,
bis auch der Letzte wieder munter
genervt das Fernsehn lauter dreht,
weil er sonst gar nix mehr versteht...

Doch gibt's noch andere Gestalten
meistens sind das die ganz Alten,
die mit Hut am Steuer sitzen,
Zigarrenqualm aus allen Ritzen.

So schleichen sie vor einem her,
Hupen nützt da auch nix mehr.

Die Karre aus der Vorkriegszeit,
tuckern sie, als ob es schneit,
in ihrem 50er Jahre-Wahn,
mit ‚30' auf die Autobahn...

Und hinten auf der Hutablage
steht natürlich - ohne Frage,
ne eingehäkelte Klopapierrolle,
selbstverständlich eine Volle!

Daneben mit ständigem rum gezappel
nickt unermüdlich der ‚Wackel-Dackel'

Oder die Freizeit-Casanovas
glauben die, Frau steht auf so was?
Denn schon beim ersten Sonnenschein
muss das Verdeck ganz offen sein.

So fahren sie wie die Berserker,
das Auto als Potenzverstärker.
Das Toupet im Winde weht
mit Bleifuß er auf Vollgas steht.

Mit jedem ‚Neuen', mehr Zylinder,
Männer sind doch große Kinder.

Doch eines macht sie alle gleich,
ganz egal ob arm - ob reich,
denn auch mit wenig in den Taschen

geht’s Samstags ab zum Auto waschen.

Auch wenn gar nichts ist verschmutzt,
wird gewienert und geputzt.
Aufpoliert und abgestaubt,
der Fußraum kräftig ausgesaugt.

Mit Pinselchen in jede Ritze,
natürlich auch in Lüftungsschlitze.
Kein Krümelchen darf übrig sein,
kein Fleckchen, ist es noch so klein.

Und muss man auch dafür bezahlen,
das ‚Gute Stück’ muss schließlich strahlen.
Sind sie sich sonst oft Spinnefeind,
beim Auto da ist ‚Mann’ vereint.

Leben

Ist es denn tatsächlich wahr,
Zähl ich schon ganze 40 Jahr?
Gehör ich jetzt zum alten Eisen?
In ein paar Jahren zu den Greisen?

Wo ist die ganze Zeit geblieben?
..hätt ich bloß alles aufgeschrieben...
Da gäbe es soo viel zu berichten.
`ne ganze Menge Kurzgeschichten...

An Manches denkt man gern zurück,
mit Freude und mit sehr viel Glück.
An Anderes nur mit tränendem Auge,
wie bei Kontakt mit Seifenlauge..

Doch egal was es war, es hat uns geprägt,
unseren Kinderweltblick in Stücke zersägt..
Wie oft war man schließlich ‚unsterblich' verliebt.?
In der Hoffnung, dass es das wirklich gibt.?

Naiv wie man war, hat man alles geglaubt,
als Teenie ist so was ja noch erlaubt...
Meist war es dann doch nur Liebelei
und die ist bekanntlich schnell vorbei...

Damals war Geld auch noch viel mehr wert
und das Leben irgendwie unbeschwert..
Erst mit dem Tag der eigenen ‚vier Wände'
beginnt für die Meisten die große Wende.

Merkt man, wie teuer das Alles ist

ganz schnell man sein kleines Zimmer vermisst..
Doch lernt man Tag für Tag dazu,
so wie man einläuft einen Schuh.

Man ist ja schließlich nicht mehr klein
und will nun eigenständig sein...
So nimmt das Leben seinen Lauf,
ab 18 beständig im Turbolauf.

immer schneller vergeht die Zeit
und eh man es mitkriegt, ist es soweit:
Willkommen im Club der ‚alten Säcke',
...Faltencreme im Schrank verstecke...

Wenn jemand von Saufgelage spricht,
man sich gedanklich schon erbricht..
Wird eine Party nur erwähnt,
man lustlos auf der Couch rumgähnt..

Sich fragt, wie man das früher gemacht,
nach einer durchgezechten Nacht,
am nächsten Morgen da zu stehn
und gut gelaunt zur Arbeit gehn..

Wenn man das heute nur versucht,
man morgens allerhöchstens flucht..
Der Kopf passt nicht mehr durch die Tür,
der Körper, doch der Geist nicht hier.

Weh tun einem alle Knochen,
hat man je so schlecht gerochen..?
Ein Kaugummi wird da nicht reichen,

man würde sich gerne selbst ausweichen..

Ganz so schlimm ist es noch nicht,
doch fragt sich mancher sicherlich,
wann er angefangen hat aufzuhören?
..seit wann Musik und Lärm ihn stören?

Freunde man immer seltener sieht
und was mit seinen Haaren geschieht..?
Seit wann hat man eigentlich Zipperlein.?
..und wie lange schon ist diese Hose zu klein..?

So manch einer wünscht sich die Jugend zurück,
doch wäre das wirklich so ein Glück.?
Das Leben ist doch noch lang nicht vorbei,
ein weiterer Abschnitt, was ist schon dabei.?

Man muss nur mal lernen zu genießen
und sich das Leben zu versüßen.
Das Älterwerden nicht negativ sehen
und mit einem Lächeln morgens aufstehen.

Sich täglich zu sagen: ‚alles wird gut',
macht einem immer wieder Mut..
Wir können schließlich nur gewinnen,
wenn wir positiv den Tag beginnen..

Kurz vor der Armutsgrenze?

Wer fühlt sich nicht langsam bedroht,
in seinem Kampf ums täglich Brot..??
Wer fragt sich nicht, wie lang's noch dauert,
wo schon der Pleitegeier lauert..?

Schwebt er schon längst über uns allen,
weil wir in Armutsgrenzen fallen..?
Schon durch den Euro ruiniert,
man nun auch noch den Rest verliert.

Zum Leben einem nichts mehr bleibt,
das Konto rote Zahlen schreibt.
Deutschland geht sichtbar vor die Hunde
und richtet dabei sein Volk zu Grunde..!

Täglich wird das Leben teurer,
die Frechheit immer ungeheurer,
mit der Politiker erklären,
das sie ja unentbehrlich wären..

Im wahren Leben beim Treibstoffkauf,
setzt der Spritpreis dem Fass die Krone auf..
Wie wir das noch bezahlen sollen..??
Hier geht es längst nicht mehr um ‚wollen'.

Noch etwas mehr, dann können die meisten
den Weg zur Arbeit sich gar nicht mehr leisten..!!
Von mehr Lohn will niemand hören
schon die Frage kann nur stören.

Die Preise nur beständig steigen
und Tränen in die Augen treiben..

Trotz alledem werden Diäten erhöht,
..uns hält man sowieso für blöd..!!

Wir lassen uns schließlich auch alles gefallen,
nur in der Tasche wir Fäuste ballen.
Wir klagen und schimpfen von Früh bis Spät,
uns niemals der Grund zum jammern ausgeht.
Doch kaum hat jemand von Handeln gesprochen,
hat sich blitzschnell ein Jeder verkrochen..
Sooo schlimm ist es dann plötzlich nicht mehr...
...ist ein bisschen Rückgrat denn wirklich so schwer..?

Die Lokführer machten es uns schon vor,
dass man mit einem großen Chor
auch viel lauter singen kann,
so bricht man schließlich einen Bann...

Würden wir Alle zusammen halten
könnten wir vieles anders gestalten.
Ohne uns können sie auch nicht leben,
wer soll denn dann die Steuern abgeben?

Gemeinsam wir sehr viel Macht besitzen,
wir müssten sie nur endlich nützen!!
Was wäre, wenn Keiner zur Arbeit mehr geht..?
Handel, Gewerbe und Industrie steht..?

Wenn Niemand mehr einen Handschlag tut,
zu Hause bleibt und einfach ruht..?
Wovon wollen die ‚Hohen Herren' leben,
wenn wir ihnen nicht die Grundlage geben.?

Hat schon mal jemand daran gedacht,
das man ganz höhnisch über uns lacht..?
Weil sie uns ständig für Dumm verkaufen
und wir trotzdem schön brav zum Wählen laufen..?

Während sie schon kurz nach den Wahlen
‚vergessen' haben, das ‚Wir' sie bezahlen..?
Doch gibt es da nicht ein Sprichwort, das heißt:
‚Der Hund in den eigenen Schwanz sich beißt'?

So werden sie sich mit den eigenen Gesetzen
den Todesstoß irgendwann selbst versetzen..
Denn ein Volk, das nichts mehr bezahlen kann,
ernährt nicht einen einzigen Mann...

Soo einfach ist es natürlich mitnichten,
doch - warum sollen immer nur wir verzichten?
Während die ‚oberen Zehntausend'
von einem Bankett zum anderen sausend,
unsere Kohle verfressen, versaufen,
können wir oft nicht das nötigste kaufen..!

Sie kriegen doch sowieso alles bezahlt,
wozu dann noch ein - Zehnfaches Gehalt-?
Womit rechtfertigt man solche Gier?
..und das eigene Volk verhungert hier..?

Wie viele sterben unter den Brücken,
elend erfroren in Lumpenstücken..?
Ohne zu betteln sie gar nichts haben,
..außer ein riesiges Loch im Magen..

Wird es uns Allen bald so ergehen,
das wir vor Warmküchen Schlange stehen..?
Das Dach überm Kopf schon längst verpfändet,
man letztlich auch als obdachlos endet..?

Haben wir denn genügend Brücken,
oder müssen wir ganz eng zusammen rücken..?
..Wir sind auf dem besten Wege dahin,
wenn wir nicht schleunigst die Notbremse zieh'n..!

Großfamilie

Deutschland ist, das ist bekannt,
ein sehr Kinderfeindlich Land.
In dem man - das ist die Moral -
mit mehr als drei schon Asozial.

Und hat man gar noch mehr davon,
dann ist dafür der einzige Lohn,
dass man von anderen wird belächelt,
wenn man durch Supermärkte hechelt.

Doch schließlich brauchen viele Köpfe,
auch eben solche vollen Töpfe.
So lässt man seine Orgelpfeifen,
gleich mit in die Regale greifen.

So mancher hat da kein Verständnis,
von Großfamilie keine Kenntnis,
denn schließlich wird nicht rumgeflegelt,
hier ist der Tag rundum geregelt.

So eine Mutter ist Famos,
ne Kämpferin ganz zweifellos.
Denn einen Tag nur überstehen,
ließe viele ganz schön blass aussehen.

Der Tag fängt vor dem Frühstück an,
manch anderer noch schlafen kann.
Noch ehe der erste Wecker schellt,
das Pausenbrot schon hingestellt.

Die Spülmaschine eingeräumt,
das Jüngste noch ganz friedlich träumt.

Jede Minute ausgenutzt,
von Kopf bis Fuß das Haus geputzt.

Beseitigt die Getränkeflaschen,
seit Stunden schon beim Wäschewaschen.
Trocknen, bügeln, einsortieren,
von Früh bis Spät herum rotieren.

Hausaufgaben, Bettenmachen,
das Haus erfüllt mit Kinderlachen,
wobei einem das Herz aufgeht,
auch wenn man lang am Herd noch steht.

Und wenn sie noch nicht schlafen wollen,
so kann man ihnen doch nicht grollen.
Denn nur ganz kurz bemerkt am Rande
liebt man doch seine Rasselbande.

Ein einfach Leben ist das nicht,
auch muss man üben oft Verzicht.
Doch wenn´s auch kommt nur Stück für Stück,
kriegt man sehr viel dafür zurück.

Noch tausend Seiten könnt man schreiben,
müsst dabei nicht mal übertreiben
und hätt zum Schluss doch dagesessen
und so vieles noch vergessen.

Denn eines ist doch ganz gewiss:
ein Fulltime-Job Familie ist.

Mahlzeit

Was kann es schöneres wohl geben,
als bis zum Schluss gesund zu Leben?
Doch ist es gar nicht mal so leicht,
das man auch dieses Ziel erreicht.

Wird einem richtig schwer gemacht,
die Werbung schon darüber wacht.
Uns ständig in Erinnerung ruft
bis man schon glaubt, man riecht den Duft
von den verschiedenen Fast-Food-Ketten,
wie soll man sich auch davor retten??

Geht man durch irgendeine Stadt,
ist man in 10 Minuten satt.
Alle paar Meter andere Gerüche
und Haufenweise Werbesprüche..

Speisen aus allen Nationalitäten,
hoch gelobt als Spezialitäten
und bevor man sich besinnt,
meist die Bequemlichkeit gewinnt..

Verführt von künstlichem Aroma,
vom Kleinkind, bis zur alten Oma,
nach Geschmacksverstärker süchtig,
da ist die Industrie sehr tüchtig..

Und die Geschmacksrichtungserfinder
zielen auch auf unsere Kinder,
denn diese kann man nicht mehr locken
mit Milchkakao und Haferflocken..

Von Gesundheit keine Spur,
hier gibt es keine Esskultur.
Wer isst denn wirklich noch zu Hause?
Wer hat denn so viel Mittagspause?

Und wenn, dann geht die ‚Fertig-Pappe'
bloß in die Mikrowellenklappe..
Kinder wollen kein Obst zum Essen,
haben auch den Geschmack schon vergessen.

Von echten Früchten sind sie enttäuscht,
von Junk–Food Gewürzen völlig verseucht.
Selbst wer versucht gesund zu essen,
kann das im Grunde getrost vergessen.

Auch Obst und Gemüse mit Pestiziden getränkt,
da ist die Auswahl ziemlich beschränkt..
Von Gen-Mais will ich hier gar nicht sprechen,
das wird sich nach Jahren von selber rächen..

Auch an Gammelfleisch will ich nicht denken,
mich auch nicht auf Bio-Produkte beschränken,
wovon nicht die Hälfte hält, was es verspricht,
sind alle bloß auf mehr Kohle erpicht..

Die reinste Massenproduktion,
bestimmt nicht gesund, doch was macht das schon??
Der Verbraucher ja doch nichts hinterfragt,
glaubt was drauf steht und was man ihm sagt.

Schon schwindlig von den drehenden Kulturen,
auf der Suche nach winzigen Mineralstoffspuren,
ist der Unbedarfte des Lobes voll...

...der Kritische fragt, was er noch essen soll...??

Gerechtigkeit

Wer bin ich - und wer will ich sein..?
..bin ich nur unbedeutend, klein..?
..ist mir denn in meinem Leben
die Möglichkeit zu 'mehr' gegeben..?

Wer fragt sich nicht mal irgendwann,
ob er nicht was erreichen kann,
wodurch das Leben leichter wäre,
in angenehmer Atmosphäre..?

Wer wünscht sich nicht ein sorglos Leben,
die Füße auf den Tisch mal legen,
ein bisschen mehr, als nur genug..
.. monatlich - auf dem Kontoauszug..?

Ja, das ist ein schöner Traum,
jedoch verwirklicht sich das kaum,
wir müssen alle tüchtig knechten,
Reichtum?.. nur für die Ungerechten...

Der „kleine Mann" muss immer bluten,
gehorsam und pünktlich - nach Firmenstatuten,
bemüht er sich eifrig, verdient er – vielleicht -
irgendwann auch mal soviel, das es reicht.

Doch erst mal heißt's Ausgaben einzuschränken,
über mehr braucht man gar nicht erst
nachzudenken...

So mancher 'beschränkt' sich ein Leben lang,
weil er ja gar nicht anders kann.

Ist schon ins `falsche` Leben geboren,
Glücksspiel.? - da hat er schon immer verloren.
Früh schon auf sich selbst gestellt,
hat Priorität, das verdienen von Geld.

Bildung man aus der Bildzeitung hat,
egal, von dem Job wird man wenigstens satt..!
Nur Aufstiegschancen gibt`s dabei fast keine
und auch die Rente wird eher ne kleine.

Durch Fortbildungskurse und Überstunden
versucht man ein wenig aufzurunden.
Sorgen und Nöte belasten doch sehr,
Urlaub..? ..gibt es schon lange nicht mehr..

Doch auch, wer Jahrelang studiert
ganz schnell hier seinen Job verliert.
Denn Bildung allein längst nicht mehr garantiert,
das damit auch aus einem „was wird"...

Nennt man wohl Pech, wenn das Schicksal sich wendet, man
Arbeitslos wird und das Haus wird verpfändet..?
Aus Angst davor hat man sich schnell verpflichtet, das man sich
voll nach dem Arbeitsplatz
richtet.

Die eigenen Wünsche werden verschoben,
zur Not Kilometerweit umgezogen.
Familie, Freunde, lässt man zurück
..für die Aussicht, auf ein bisschen Glück..

So schleppt man sich durch, mit Frau und Kind
und hofft, dass man doch mal im Lotto gewinnt.

Will nicht einmal Millionen erreichen,
nur eben genug zum Schulden begleichen..

Ganz anders im Leben die Weichen gestellt,
kommt man als Kind reicher Eltern zur Welt.
Da ist das Leben schon fertig gestrickt,
kaum hat man das Licht der Welt erblickt..

Festgelegt schon in der Wiege,
das Papa's eigene Betriebe
später mal die Seinen sind,
..eingebildet.. - schon als Kind..

In schicken Privatclub's wird man (v)erzogen,
das Taschengeld wird in Gold abgewogen,
aus Langeweile schon Drogensüchtig,
fühlt man sich so richtig wichtig.

Sorgen werden sich keine gemacht,
wozu auch? - liegt man auf Papi's Yacht
und lässt von der Sonne sich bescheinen
...woanders hungrige Kinder weinen...

Vermehren beständig ihr Eigentum,
mit Hungersnot haben sie nix zu tun,
spenden sie doch für nen guten Zweck,
den Rest auf nem Schweizer Konto versteckt..

So leben wir hier, auf nur einem Planeten
und leben doch in verschiedenen Welten..
Gleiche Chancen für alle und Menschlichkeit ?
..wer glaubt denn hier noch an Gerechtigkeit..?

Bäähh ..!!

Es leben seltsame Gestalten,
was soll man bloß von denen halten??
Abstand ist wohl angebracht,
weil ‚Nase' das nicht mehr mitmacht..

Denn Leute gibt's, das ist echt krass,
die halten nichts von ‚zuviel' Nass.
Verweigern strikt Kontakt mit Wasser,
in ihrer Nähe wird man blasser,
weil man sich nicht zu atmen traut,
die ganze Luft im Bauch sich staut..

..vielleicht kann man sich ja anstecken
und elend schließlich dran verrecken..?
Fassungslos sieht man sie an,
weil man es nicht verstehen kann.

Schon montags morgens sehn sie aus,
dass es einen nur so graust..
...als hätten sie in der letzten Nacht
irgendwas unter die Erde gebracht...

Mit einem Blick ist leicht zu sehen,
dass sie höchst selten duschen gehen.
Welchen Grund mag's dafür geben.?
Damit auch kleine Tierchen leben..?

Aus Angst in der Dusche zu ertrinken,
sie lieber gegen Sturm noch stinken..?
Nichts hören wollen von Deo und Seife..?
..entschuldigt, das ich das nicht begreife..

Auch Kleidung wechseln, sie nicht kennen,
in ihren Sachen sie rum rennen,
bis sie zum Sondermüll gehören,
doch scheint sie das gar nicht zu stören..
Was hätte das Waschen auch gebracht,
wenn man sich wieder schmutzig macht..?

Schlicht und einfach widerlich,
selbst ein Bazillus sich erbricht
und fluchtartig das Weite sucht,
während er vor Ekel flucht...

Fettige Haare, dreckiger Hals,
der Rest und die Hände ebenfalls..
Man müsste sie tagelang chemisch einweichen,
sonst würde `ne Dusche gar nicht mehr reichen..

Da kann man sich nur verwundert fragen,
wie solche sich bloß selbst ertragen..?
Wenn man sie nur von weitem sieht,
man zusieht, das man ‚Leine zieht'.

Wenn der Geruchssinn sich ‚verpisst'
und stur die ‚weiße Flagge' hisst..
Wenn ‚Ekel-Alarm' die Sinne senden,
wird`s höchste Zeit, sich abzuwenden..

Bevor man am nächsten Morgen aufwacht,
sich Herpes im Gesicht breit macht
und Tage man braucht, sich zu erholen
..im Geist lädt man schon die Pistolen..

Kann man denn keine Gesetze raus bringen,
die Menschen zu Hygiene zwingen.??
Die dafür sorgen, das sie nicht stinken,
weil sonst hohe Strafen winken..??

Auch ohne das man sie riechen muss,
ist schon der Anblick kein Genuss..
Sie sind für jeden eine Qual
und merken es noch nicht einmal..

Manchmal hat man dann Gedanken,
die lassen Pazifismus wanken.
Man möchte sie an manchem Tage,
stecken in 'ne Waschanlage..

..um sie bloß nicht anzufassen,
durch die Maschine laufen lassen..
Eine Zumutung für die Menschheit sind sie,
doch ändern werden sie sich wohl nie...

Sicher?

Tagtäglich es hier schon geschieht
ohne das es jemand sieht,
zumindest scheint es so zu sein
bis wir selbst nach Hilfe schreien.

‚Rentner überfallen in Straßenbahn'
‚Farbiger flieht vor Rassenwahn'
‚Rechtsradikale Schlägerei'
‚Täter verfolgt von Polizei'

So lauten die Meldungen Tag für Tag,
bis man es nicht mehr hören mag.
Ob Gewalt, ob Taschenraub,
man dreht sich um und stellt sich taub.

Angst treibt einen zum Augen verschließen
vor sinnlos-brutalem Blutvergießen.
Was soll man allein gegen viele machen?
Sie bestenfalls über einen lachen.
Zumeist jedoch mit Waffen drohen,
wer kann, ist spätestens dann geflohen.

Auch treten sie nur im Rudel auf
alleine kämen sie niemals darauf,
sich an Anderen zu vergreifen,
da stechen sie lieber in Autoreifen.

Vertreten ist jede Nationalität,
ihre Motivation man nur schwer versteht,
wenn: ‚Ausländer prügeln auf scheiß Deutsche' ein

wenn: ‚Deutsche erschlagen das Ausländerschwein'
wenn: ‚Frau überfallen in Parkanlagen'
und ‚Jugendbanden Asylanten jagen'

Sind wir schon Slum-Zuständen nah?
Straßengangs a' la Amerika?
Müssen wir selber Waffen nützen
um uns davor zu beschützen?

Wie soll man sich denn solche Gestalten
im Ernstfall wirklich vom Halse halten ?
Wie soll eine alte Frau denn handeln?
Sie wird sich wohl kaum in Bruce Lee
verwandeln!

Und anderen Opfern beizustehen,
heißt immer auch Risiken einzugehen.
Auch wenn man innerlich platzt vor Wut,
fehlt einem dazu oft der Mut.

Sich eher wie gelähmt im Hintergrund hält,
bevor man sich dem entgegen stellt.
Man fragt sich auch aus welchem Grunde,
Mord und Totschlag drehen die Runde?

Kein Job, keine Zukunft, kein Gehalt,
Langeweile und Frust, der Grund der Gewalt?
Nur mit gezielter Gemeinsamkeit
verhindert man solche Sinnlosigkeit.

Wir müssen doch nur, wenn wir so etwas sehen,
zusammenhalten und ALLE aufstehen,
statt weg zu gucken und abzuwarten,
bis sie den nächsten Angriff starten.

Die Möglichkeit ist doch gar nicht so klein,
man könnte auch selbst das Opfer sein!
Wie fühlt man sich wohl von Tätern umringt,
wenn niemand den Mut zur Hilfe aufbringt?

Hat dann das letzte Stündlein geschlagen,
weil „Weggucker" keinen Beistand wagen?
Man sollte das immer von zwei Seiten sehen,
es kann einem ganz schnell selbst so ergehen.

Auch werden Gesetze hier nichts nützen,
die glauben, sie müssten die Jugend schützen.
Und wer schützt die Wehrlosen in diesem Land?
Wer hebt gegen Brutalitäten die Hand?

Muss immer erst das Schlimmste passieren,
bevor Gesetzgeber reagieren?
In Zukunft mit Waffe zum Einkaufen gehen?
Mit Gewehr unterm Mantel in der U-Bahn
stehen?

Am Ende läuft es eher darauf hinaus
wir trauen uns gar nicht mehr aus dem Haus.
Und statt sich zum Bummeln zu gesellen
wird man per Internet bestellen...

Dem Staat würde das vorzüglich passen,
denn Angsthasen leichter sich leiten lassen.
So sie uns Sicherheit suggerieren
um uns noch mehr zu kontrollieren.

Wäre besser sie würden den Hintern hoch heben
statt weiter auf unsere Kosten zu leben.

Prost

Begrüßen wir das neue Jahr
und hoffen es wird wunderbar...
Beseitigen wir nun die Reste,
der Zombiehaften Partygäste..

Sie liegen rum in Ihren Decken,
vor Tageslicht sich noch verstecken,
stöhnend sich den Kopf festhalten,
sehn aus wie Geisterbahngestalten.

Von zuviel Bier und zuviel Wein,
auch ein paar Schnäpschen mussten sein..
Mitternacht noch fast erlebt,
..auch, wenn seit dem ‚die Erde bebt'.

Danach erst richtig angefangen,
Stunden überm Klo gehangen,
sich Leib und Seele rausgewürgt,
und trotzdem noch dafür verbürgt,
dass es ihnen prima geht...
..was sich ja von selbst versteht...

Sieht man sie dann am Tag danach,
auch abends noch nicht richtig wach,
verweigern strikt jegliches Essen,
die guten Vorsätze vergessen..

..wo sind die Zigaretten hin..?
..wieso sind keine mehr da drin..?
Hatten doch Vorrat angeschafft,
wer hat die alle weg gepafft..?

Die Erinnerung fällt schwer,
ist ja auch schon Stunden her..
Wenn man nur an den Abend denkt,
das Hirn die weiße Fahne schwenkt.

Die Leber jeden Dienst versagt,
der Magen nur an Wasser wagt..
An feste Nahrung nicht zu denken,
das werden wir uns lieber schenken.

Das neue Jahr beginnt mit Qual..
..was soll's, ..hicks..
..bis zum nächsten Mal...

Heute schon gelebt...?

Leben wir alle am Leben vorbei..?
Und, fühlen wir uns wohl dabei..?
Wer lebt denn wirklich - und wie er will..?
Lebt nicht ein Jeder unter Drill..?

Immer nur Stress von früh bis spät,
weil ohne ja schon nichts mehr geht..?
Wer steht denn noch auf, mit einem guten Gefühl
und lächelt bei dem, was er heute tun will..?

Wer genießt bewusst den Morgen,
ohne Ängste, ohne Sorgen..?
Wer kann noch behaupten, keine zu haben.?
Wer beendet den Tag, ohne einmal zu klagen.?

Wir werden doch alle nur ausgenutzt,
egal, ob man Banker ist oder ‚nur' putzt...
Wer hat denn die Zeit, drüber nachzudenken.?
Von morgens bis abends wir uns verrenken...

Denn um sein Dasein zu gestalten,
muss seine Arbeit man behalten...
Ohne bleibt der Kühlschrank leer,
gibt's Strom und Wasser auch nicht mehr.

An Vergnügen nicht zu denken,
der Staat wird uns bestimmt nichts schenken...
Immer weniger wird der Lohn,
es ist doch wirklich der blanke Hohn...

Preise, Verantwortung, Aufgaben steigen,
und trotzdem die ‚Bosse' uns ständig zeigen,

das wir problemlos ersetzbar sind,
ausgetauscht, schnell wie der Wind...

Mitarbeiter zu motivieren,
heißt unnötig Zeit zu investieren
und Zeit ist Geld, wie wir alle wissen,
die Menschlichkeit wir hier schon lange vermissen...

Wem das nicht passt, der kann ja gehen,
die Nachfolger schließlich schon Schlange stehen..
Für die Arbeit ist man stets bereit,
doch für Freunde, Familie, sich selbst keine Zeit.

Auch bleibt die Gesundheit hier auf der Strecke,
so krabbelt man mühsam aus seiner Decke,
und ertappt sich selbst immer öfter dabei,
das man sich morgens schon wünscht,
...der Tag wär vorbei...

Hektik bestimmt unseren Tagesablauf
und wir nehmen es resigniert in kauf,
dass man uns gängelt und piesackt und sticht,
bis man am Ende zusammenbricht..?

Wollen wir wirklich so weiter machen..?
Zusehen dabei, wie sie über uns lachen..?
Wie ferngesteuerte Maschinen,
das Tagespensum abzudienen..?

Am liebsten würden sie uns klonen,
zu arbeitsgeilen Bienendrohnen...!
Früher hieß es mal: „Arbeit macht frei"
doch diese Zeit ist längst vorbei..!

Heute hat man nur noch Pflichten,
und sich nach dem Chef zu richten...
Wenn dann nach mühsamer plagerei,
der Arbeitstag zum Glück vorbei,
man abgekämpft endlich Daheim,
dann melden sich die Zipperlein...

Es scheinen täglich mehr zu werden,
stärker werden die Beschwerden.
Man schleppt sich dahin, wie ne Fußkranke Ente
und hofft, dass man`s irgendwie schafft bis zur Rente...

...falls, wenn es dann ist soweit,
tatsächlich noch was übrig bleibt...
Ist so ein Leben denn lebenswert..?
Oder auch nur erstrebenswert...?

Immer unter Stress zu stehen,
heißt nur am Leben vorbei zu gehen.
Wir müssten uns öfter mal was gönnen,
an dem wir uns erfreuen können.

Dinge tun, die Spaß uns machen,
und auch viel, viel öfter lachen.
Die ‚5' auch einmal grade lassen,
das letzte bisschen Geld verprassen.

Es ist doch sowieso immer zu wenig
und ständig vernünftig sein - furchtbar eintönig...
Ab und zu aus der Rolle fallen,
sich auch mal betrinken bis zum Lallen.

Dinge, die verboten sind,
hat man bevorzugt schon als Kind...

Auch wenn andere sagen, man ist nicht ‚normal',
...ein Spießbürgerleben die größere Qual...

Wenn immer man der Norm entspricht
und einen noch die Panik sticht,
dass man das Leistungsziel nicht erreicht,
sich ständig mit Anderen vergleicht..

Wenn einen das Gewissen plagt,
aus Angst, man hätte doch versagt,
wenn ohne einmal aufzumucken,
tagtäglich wir dabei zugucken..

Wenn wir zu allem nur noch nicken
und rückgratlos zu Boden blicken,
wenn man beim Telefonläuten erbleicht,
dann haben sie ihr Ziel erreicht...

Das zuzulassen wäre schlimmer,
als ein ‚Gummi-Einzelzimmer'...
Die Meinung sagen, sich auch mal beklagen,
statt immer zu allem ‚ja' zu sagen.

Seinen Frust nicht immer dämpfen
und Ungerechtigkeit bekämpfen.
Nicht immer alles hinzunehmen,
damit sich andere bequemen.

Man sollte es auch einmal wagen,
ihnen schonungslos zu sagen:
Niemals werdet ihr uns besiegen,
wir lassen uns nämlich nicht unterkriegen ...!

Wer ist frei?

Was hat das Wort Freiheit zu bedeuten?
Ein anderes Leben einzuläuten?
Mit Diesem hat es wohl nichts zu tun,
sieht man sich mal genauer um.

Frei ist man hier schon lange nicht mehr,
ist tausende Jahre garantiert her.
Vielleicht noch im Neander-Tal,
damals - Anno Dazumal.

Als Höhlenmensch hatte man weniger Pflichten,
sich nur nach der eigenen Sippe zu richten.
Das Essen lief vor der ‚Haustür' herum,
für Beeren und Wurzeln nur macht man sich krumm.

Da gab's keine Steuern und auch keine Mieten,
nur, was Mutter-Natur konnte bieten.
Das Leben war sicherlich damals nicht leicht,
auch hat man kein hohes Alter erreicht,
doch konnte man gehen, wohin man wollte,
und niemand fragte, was man verzollte.

Heute hat wirklich alles Grenzen,
oder zumindest Konsequenzen.
In moderne Sklaverei geboren,
von Geburt an schon verloren.

Stets und ständig überwacht,
man insgeheim über uns lacht.
Auch wenn man sich darüber die Haare rauft,
man ist als Kleinkind schon an den Staat verkauft.

Mit drei Jahren fängt es an,
dann ist der Kindergarten dran.

Da wird an einem rum erzogen,
kriegt das Rückgrat man verbogen,
vom Morgen bis zum Nachmittag,
gesagt was man zu machen hat.

Die Zeit zum spielen wird geringer,
in der Schule wird's noch schlimmer.
Stunden muss man da stillsitzen,
darf nicht einmal den Kopf abstützen,
soll dabei nicht die Lust verlieren
und sich für alles interessieren.

Auch, wenn man dann zu Hause ist,
wird man noch lange nicht erlöst,
weil in seiner ‚Freizeit' dann,
man Hausaufgaben machen kann.

Diktate, Zeugnisse, Mathearbeiten,
mit Lehrern um die Noten streiten.
Wie gern würd' man mit Freunden lachen
und tausend andere Sachen machen.

Nie hat man Zeit zu solchen Dingen,
die einem wirklich Freude bringen.
Auch später geht es dann so weiter,
steigt man auf der Karriereleiter.

In Freiheit leben nennt man das?
Wann hat man Zeit für irgendwas?
Kommt von der Arbeit man nach hause,
braucht man auch dringend eine Pause.

Zum Ausgehen ist es eh zu spät,
weil viel zu früh der Wecker geht.
Wer ist denn frei zu sagen: nein,
ich lass heut alle Arbeit sein,
so hat das alles keinen Sinn,
ich geh da einfach nicht mehr hin?

Probleme hat man dann nen Haufen,
dann kann man nämlich nichts mehr kaufen.
Bleibt für die Heizung auch kein Geld,
dann wird sie eiskalt abgestellt.

Die Banken rücken auf die Pelle,
zum Schluss sitzt man in einer Zelle.
Doch frei ist man auch vorher nicht,
man ist gefangen in der Pflicht.

Denn nur die Pflichtbewussten zählen,
die schön brav die Schmarotzer wählen.
Die nie nach Lohnerhöhung fragen
und demütig ihr Päckchen tragen.

So ist es nun mal auf der Welt,
kriegt man von jedem dann erzählt.
Doch was hat das mit ‚frei' zu tun,
bleibt nicht mal Zeit um auszuruh'n?

Die Medien tun ihr`s dabei,
so ist nicht mal im Kopf man frei.
Zugetextet mit ganz wichtigen Sachen.
Wie viel Punkte wir beim Fußball machen?

Wo die Promi's gestern waren?
Mit welcher Farbe in den Haaren?
Als könnte man sonst nicht überleben
und es sowieso nichts wichtigeres geben.

Was haben die Leute hinter der Stirn?
Totale Leere, statt Gehirn?
In der Zeitung steht was wir zu denken haben,
natürlich ohne nachzufragen!

Die ,freie' Meinung vordiktiert,
weil Gleichsinn leichter sich regiert.
Im Fernseh'n wird uns vorgelebt,
wonach der ,gute Deutsche' strebt!

Wir sollen ja dazugehören
und nicht das Allgemeinbild stören.
Für Radiosender das Gleiche gilt,
da wird das Hirn schön weichgespült.

Wir lassen uns widerstandslos lenken,
ist doch auch viel bequemer als selber denken!
Ist alles ,normal', machen doch alle
und genau das ist die Falle!

Eigenart? - wer braucht so was?
Persönlichkeit? - was ist denn das?
Wer brav nach Norm und Vorschrift lebt,
ein Pflaster auf den Mund sich klebt
und immer mit der Masse rennt,
der hat sein Leben schnell verpennt.

Freiheit ist ein schönes Wort,
wo gibt's noch einen solchen Ort,
an dem man sie auch leben kann
ohne den Gesetzeswahn??

Wann wacht die Menschheit endlich auf
und nimmt nicht immer mehr in kauf?
Wann sagen sie, es ist genug
und stoppen diesen Selbstbetrug?

Noch Fragen..???

Seltsame Wege das Schicksal nimmt...
Ist unser Leben vorbestimmt...?
Wer beschließt das Wann und Wo..?
Wer sagt, Warum, Was und Wieso..?

Haben wir Einfluss, auf das, was passiert..?
Ist alles im voraus programmiert..??
Auf welchem Pfad man letztlich schreitet..?
Wovon auch immer dazu verleitet..?

Welchen Weg man schließlich wählt,
am Ende man zum Zufall zählt..?
Und hält man sich auch für ziemlich schlau,
man weiß es trotzdem nicht genau...

Im Leben geht man durch viele Stationen,
erlebt die verschiedensten Situationen.
Entscheidet ständig soo viele Dinge,
als wenn`s ums Überleben ginge...

Doch, hat man tatsächlich eine Wahl..?
Eine, zwischen Kopf und Zahl..?
Oder steht wirklich alles fest..?
Ist alles bloß ein plumper Test..?

Wie oft stellt man sich diese Fragen..?
Wann geht's uns letztlich an den Kragen..?
Die einen dann von Schicksal sprechen,
wird man Opfer von Verbrechen..

Die anderen vom Zufall reden,
lässt sich's anders nicht belegen...

Wer sagt mir, was ich wann, wo tu..?
Wer glaubt, er hat das Recht dazu..?

Wer kennt die Antwort auf all diese Fragen...?
...könnten wir sie überhaupt ertragen..??
Sind wir stark genug dafür
und öffnen mutig diese Tür..?
Ein Jeder für sich entscheiden sollte,
ob er das tatsächlich wollte...
Wir leben, wie von Taranteln gebissen,
müssen wir wirklich alles wissen..?

Warum warten wir nicht ab,
was Es uns zu bieten hat..?
Treibt die Neugier uns dazu..?
Schamanismus..?..Manitu..?

Fällt uns alles in den Schoß..?
Sind wir völlig einflusslos..?
Haben wir Krankheiten selbst verursacht..?
Unglücke selber uns beigebracht..?

Oder passieren sie einfach so..?
...nebenbei und sowieso..?
Haben wir zuviel in unserem Hirn..?
...oder ist gar nichts hinter der Stirn..?

Sind wir unseres Glückes Schmied,
auch wenn es keiner von uns sieht..?
Werden wir beeinflusst von zahllosen Ländern..?
Müssen wir immer alles verändern..?

Der Mensch hält sich für furchtbar wichtig...
...aber ist das so auch richtig..?
Er glaubt, er sei das Maß aller Dinge...
...das nichts auf der Welt mehr ohne ihn ginge...

Um so vieles besser es ohne ihn wäre...
Harmonisch und sauber die Atmosphäre..
Auch ohne uns gäbe es den blauen Planet...
Wie lang braucht der Mensch, bis er das versteht..?

Bringt die Arroganz uns letztendlich um...?

Die letzte Frage: wär's schade drum...?

Wilde Tiere

Kennt ihr das – die Nacht fängt an,
Frau weiß, dass sie nicht schlafen kann... ?
Zwar gibt es Frauen, die laut schnarchen,
doch sind das meist des Mannes Arten.

Denn kaum dass er sich hingelegt,
die ‚Säge' schon auf Reisen geht...
So wird sie ihres Amtes walten,
und erst die Nase ihm zuhalten.

Doch nutzt das meistens nicht die Bohne
und des Erfolges völlig ohne
sie sämtliche Register zieht,
bevor am Ende rot sie sieht.

Trotz Einsatz ihrer Ellenbogen,
er nicht mal das Gesicht verzogen.
Nur kurze Stille für eine halbe Sekunde,
dann geht es in die nächste Runde...

Nun an der Schulter sie ihn rüttelt,
mit vollem Ehrgeiz ihn durchschüttelt,
damit er sich zur Seite dreht,
doch er den Grund gar nicht versteht...

Bis auf's Blut er sich verteidigt,
bei seiner Ehre schwört er heilig,
behauptet unser Göttergatte,
dass er gar nicht geschlafen hatte...

Zudem soll Schnarchen dazu nützen,
vor wilden Tieren uns zu schützen.

Dazu ist der Mann doch da,
drum schnarcht er ja – ist doch ganz klar...

Frau denkt - das einzig wilde Tier
liegt jede Nacht hier neben mir -
weit, weit offen steht sein Mund,
es grunzt und röchelt Stund für Stund...

Übernächtigt und frustriert
sie alles an ihm ausprobiert.
Doch nichts hat letztlich was gebracht,
kein Auge hat sie zugemacht.

Sie schließlich ihre Decke greift,
die halbe Nacht im Haus rumstreift
bis sie erschöpft bei Fernsehflimmer
auf's Sofa fällt im Nebenzimmer.

Nach kurzer Zeit sich wieder setzt,
sie hat das Tier wohl unterschätzt,
denn selbst durch eine Zimmerwand
bringt es uns noch um den Verstand.

Schlafentzug tut gar nicht gut,
aufgestaut hat sich die Wut
und jede Frau kann das verstehn,
...man möchte ihm den Hals umdrehn.

Fragt sich vor Müdigkeit entrückt
wär's Notwehr, wenn sie ihn erstickt..?

Schon in der Hand hat sie das Kissen,

doch größer noch ist das Gewissen,
auch wenn der Tag schon jetzt versaut,
weil draußen längst der Morgen graut.

Doch -eines Tages- schwört sich Frau
und sie weiß es ganz genau,
wird er die Nacht nicht überleben
und endlich wird es Ruhe geben...

Weihnachten

Jedes Jahr die gleichen Sprüche,
wie lästig nervige Gerüche,
die einem in der Nase jucken,
man kann gelangweilt nur noch gucken.

Kann das Gähnen kaum noch lassen,
fängt an den Weihnachtsquatsch zu hassen.
Die Jagd nach den Geschenke-Schnäppchen,
das Angebot der Futterhäppchen,
der Wettkampf an Regale-Wänden,
kann nur im Psychostresse enden.

Vor Onkeln, Tanten auf der Flucht,
man sich ein Ruheplätzchen sucht,
wohin man sich geschickt entfernt,
man hat ja schon dazugelernt.

Ertränkt in Alkoholexzessen,
nach weihnachtlichem Überfressen,
erwacht man dann am nächsten Morgen,
hat Schmerzen und ganz andere Sorgen.

Wo ist das Auto?...wo das Geld.?
...hatt' ich ein Taxi mir bestellt..???

Damit das nicht noch mal passiert,
wird ein Exempel statuiert,
beim nächsten Mal daran zu denken:
‚ich lass den Stress mit den Geschenken'.

Soll'n andere doch den Blödsinn machen,
dann hab ich immer was zu lachen...

Gesundheit

Heutzutage krank zu werden
kann das Leben stark gefährden.
Geht man auch noch zum Doktor dann,
fängt in der Praxis es schon an...

Nicht umsonst heißt's 'Warte-Zimmer',
vom warten wird es nur noch schlimmer,
schon weil, bis man der Nächste ist
auf unbequemem Stuhl man sitzt.

Jeder mit leidendem Gesicht,
laut gesprochen wird hier nicht.
Nur Geflüster hinter Händen,
als würden alle gleich verenden...

Da kann man fast schon fröhlich sein
darf endlich man zum Doktor rein,
um den Bazillen zu entkommen
bevor man welche mitgenommen...

Doch manchmal ist man echt schockiert
was alles Medizin studiert,
sich arrogant und rotgesichtig
benimmt wie Mr. Oberwichtig..

Gestern wohl zu viel gefeiert
er seine Sprüchlein runter leiert.
Ist schließlich der ‚Halbgott in Weiß'..
Doch - riechen Götter auch nach Schweiß?

Nach Alkohol und Tabakrauch?
Und schlechtem Deo vielleicht auch?
Für den Bartwuchs keine Klinge?
Doch dafür um die Augen Ringe..?

Was ist aus dieser Welt geworden?
So langsam macht man sich echt Sorgen,
weil man sich fragt, wie solch ein Mann
im Ernstfall denn noch helfen kann.?

Auch fragt man sich schon recht verstimmt,
was der Typ für Drogen nimmt.?
Doch scheint das schon normal zu sein,
die Meisten wahren bloß den Schein...

Denn nur durch satte Honorare
bekommt man die begehrte `Ware`.
Doch kann man mit 'nem Ärzteschein
auch mal sein eigner Dealer sein..

Angst man vor dem Kranksein kriegt,
wenn man im Haus der Kranken liegt.
Kein Arzt, kein Pfleger mehr neutral,
sie haben ja auch kaum ne Wahl.

Bei 36-Stunden-Schichten,
worüber viele schon berichten,
geht ohne Pillen gar nix mehr
und ständig muss was ´Neues´ her...

Ob Alkohol, ob Aufputschmittel,
versteckt in ihrem weißen Kittel,
um im Notfall wach zu bleiben
und den Schlaf noch zu vertreiben...

Mit Idealen sie Studieren,
im Vollrausch später Operieren,
den Wandel selbst oft nicht verstehn,

denn schließlich ist doch einzusehn:

Der Arzt, der am OP-Tisch ‚pennt`
ist kranker noch, als sein Patient..!

Der Raucher

Gar nicht lang haben sie gesucht,
der Raucher deutlich lauter flucht,
Schreibtischsesselpupsernieten,
Woll'n das Qualmen gar verbieten.

Das Auto ist nun Pudels Kern,
beim Fahren rauchen alle gern,
und die, die es nicht können lassen,
füllen brav des Staates Kassen.

In Disco's oder Restauranti,
nix mehr mit Kippe bei Chianti.
Gemütlichkeit ist nun dahin,
man fragt sich ernsthaft nach dem Sinn
und wo das alles hin noch führt,
ist man bald völlig kontrolliert?

Was sind die nächsten großen Taten?
Gibt es dann Sex nur noch auf Raten?
Und wer das Höchstmaß überschreitet,
der gilt als ethisch fehlgeleitet?

George Orwell lässt uns alle grüßen,
wir sind die Sünder, müssen büßen?
Wenn wir nun langsam uns nicht wehren,
müssen wir noch mehr entbehren.

Privates ist dann etwa so:
wie live im Fernsehen auf dem Klo.
Wird Zeit das Hirn mal zu gebrauchen..
oder...doch zuerst noch eine rauchen ??

Puppenspieler

Politiker, auch die adretten,
sind allesamt nur Marionetten.
Ganz andere die Fäden ziehn,
doch die kriegen wir nie zu sehn.

Wir sehen nur die Präsidenten,
gekaufte Hochschulabsolventen.
Minister, Kanzler, Diplomaten,
wozu sie gut; kann man nur raten...

Vielleicht zum Schmuggeln über Grenzen,
wozu hat man denn Referenzen..?
...Ach nein, in unserem Bundestag
ja nur die Putzfrau Koksen mag!

Die kann es sich ja schließlich leisten,
verdient hier drin bestimmt am meisten...
Für wie Dumm man uns denn hält
wenn man solch Blödsinn uns erzählt?

Und auch noch glauben, dass wir schlucken,
wenn sie auf unsere Ehre spucken?
Doch, ja, so ist der kleine Mann,
er wehrt sich nicht mal, wenn er kann.

Zur Feigheit ist er ja erzogen,
ein Leben lang nur angelogen,
glaubt alles, was man ihm erzählt
schließlich hat er ja gewählt...

Im Kopf total unterbelichtet,
glaubt Politik schon alles richtet..
sich weiter nicht mehr interessiert,
was auf der ganzen Welt passiert...

Die Erde liegt schon längst in Trümmern,
doch darum soll`n wir uns nicht kümmern.
Wir sollen bloß die Münder halten,
sie unser Land schon `gut` verwalten.

Denn wer sich all zuviel beschwert,
der wird am Ende eingesperrt.
Damit man nicht das Volk aufhetzt,
Millionen in Bewegung setzt
um gegen sie zu demonstrieren
damit sie ihren 'Job' verlieren...

Wenn man nur seine Meinung sagt,
wird auf der Stelle man verklagt...?
Nur weil man anders als sie denkt,
hat alle Rechte man verschenkt..?

Schließlich ist man dann ein Ketzer,
na ja - zumindest Volksverhetzer
und solche üblen Aktivisten
muss man schnellstens überlisten.

Will denn hier wirklich keiner merken,
dass die Fesseln sie verstärken
und wir bald gar nichts mehr dürfen
außer, in die Arbeit schlürfen?

Man einfach über uns bestimmt
und sich die Frechheit noch raus nimmt,
„Im Namen des Volkes" es zu nennen,
obwohl sie uns doch gar nicht kennen...

Zu viel lassen wir uns bieten
von diesen Menschenrechtsbanditen.

Vielleicht mal aufstehen und uns wehren?
Versuchen schlechtes umzukehren?
Statt weiterhin nur da zu stehen
und bei dem Wahnsinn zuzusehen?

Die Medien

Kaum dass man in die Zeitung sieht
und überfliegt was so geschieht,
hier auf unserer schönen Erden,
so kann es einem schlecht nur werden.

Die Titelstory klar ein Renner,
doch sieht das scheinbar nur der Kenner,
denn, was wirklich wichtig wäre,
bleibt weiterhin ‚Geheimaffäre'.

Im Fernsehn ist es auch nicht besser,
‚Familienvater zückt ein Messer'
ein Anderer einen Aufstand probt,
der Ulrich hat Niemals! Gedopt,
und Pressesprecher lässt verlauten,
Politiker als Schwul sich outen...

Irgendjemand uns noch sagt,
wer gerade wieder wen verklagt
und was Promi's sich so denken,
wenn sie besoffen Autos lenken.

Im Radio von Früh bis Spät,
die gleiche Leier man erzählt,
wobei uns all die Nichtigkeiten,
zu Teilnahmslosigkeit verleiten.

Das Hirn schon total abgestumpft,
ist die Moral ein einziger Sumpf,,
ein Einzelschicksal nichts mehr zählt,
die Hilfsbereitschaft abgewählt...

Die meisten auch nicht interessiert,
wer hier grad unser Land regiert,
und welche Konsequenz sodann,
aus dieser Macht entstehen kann.
Denn schließlich sie uns täglich sagen,
wie wir uns zu verhalten haben.
Wozu also selber denken,
wenn andere unser Schicksal lenken..??

Von Nachrichten total verwirrt,
im Info-Labyrint verirrt,
man nicht mehr weiß, was falsch, was richtig,
und was ist überhaupt noch wichtig..!?

So schaut man weg, wenn andere fallen,
geht vorbei, wenn Penner lallen,
ohne sich auch nur zu fragen,
was sie vielleicht zu sagen haben...

Trotz Fleischskandal zum Metzger laufen,
trotz Kinderarbeit Teppich kaufen,
trotz Armut in den dritten Ländern,
will man den Lebensstil nicht ändern.

Ist doch alles so weit weg,
da hat doch helfen keinen Zweck...
Sind denn nicht alle Menschen gleich?
Ganz egal ob arm, ob reich?

Doch lieber man mit Steinen wirft,
bevor man anderen auch mal hilft,
denn schließlich hat man keine Zeit,
für übertriebene Menschlichkeit!